AF542085

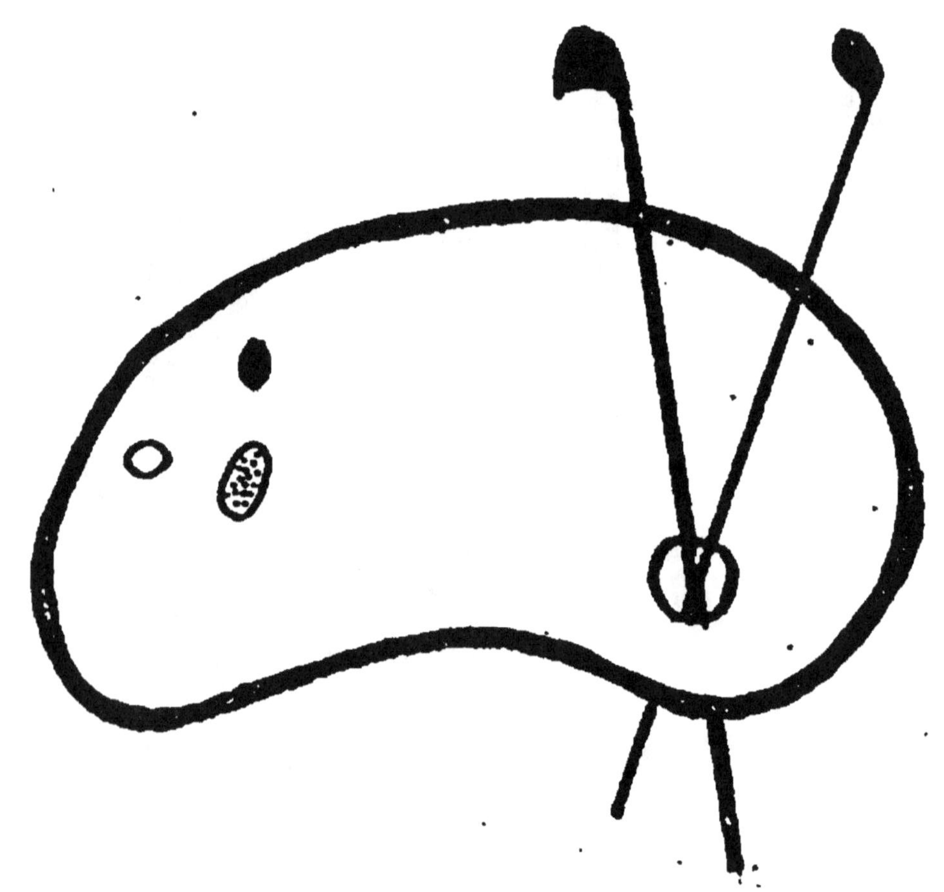

DEBUT D'UNE SERIE DE DOCUMENTS
EN COULEUR

NOTICE

DESCRIPTIVE ET HISTORIQUE

SUR LES

Vitraux de l'Église

DE LHUITRE

—— * ——

« J'aime à vous revoir, images naïves
« Qui faites toujours, sous vos couleurs vives,
« Palpiter mon cœur,
« En me rappelant ces jeunes années,
« — Si pleines de vous et si fortunées, —
« De l'enfant de chœur. »

ARSÈNE THÉVENOT.

PRIX : 1 fr. 50

EN VENTE

CHEZ TOUS LES LIBRAIRES DU DÉPARTEMENT DE L'AUBE
au profit de la Souscription
pour la restauration des Vitraux de l'Église de Lhuitre.

A LHUITRE
Chez M. l'Abbé BERNARD.

—

1897

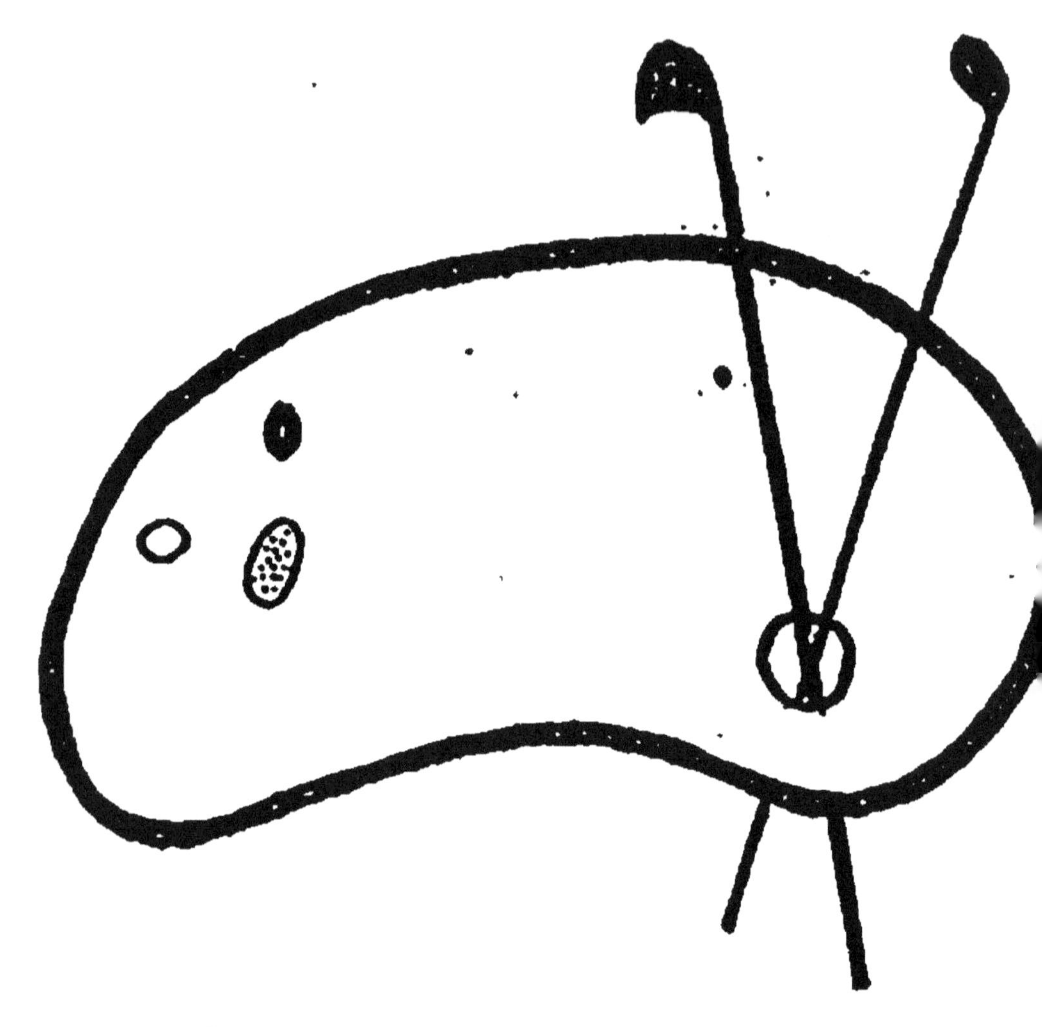

FIN D'UNE SERIE DE DOCUMENTS
EN COULEUR

NOTICE

DESCRIPTIVE ET HISTORIQUE

SUR LES

Vitraux de l'Église

DE LHUITRE

« J'aime à vous revoir, images naïves
« Qui faites toujours, sous vos couleurs vives,
« Palpiter mon cœur,
« En me rappelant ces jeunes années,
« — Si pleines de vous et si fortunées, —
« De l'enfant de chœur. »

ARSÈNE THÉVENOT.

PRIX : 1 fr. 50

EN VENTE

CHEZ TOUS LES LIBRAIRES DU DÉPARTEMENT DE L'AUBE
au profit de la Souscription
pour la restauration des Vitraux de l'Église de Lhuitre.

A LHUITRE
Chez M. l'Abbé BERNARD.

1897

SOUSCRIPTION

POUR LA

Restauration des Vitraux de l'Église

DE LHUITRE (Aube).

Lhuître, le 189 .

MONSIEUR ET CHER SOUSCRIPTEUR,

J'ai l'honneur de vous adresser la Notice ci-jointe sur les Vitraux de l'église de Lhuître, et je viens en même temps solliciter votre bienveillante souscription, pour faciliter et hâter la restauration de ces précieux trésors archéologiques.

Le prix de cette Notice, vendue au profit de la souscription, est fixé à *un franc cinquante*, et j'ose espérer que vous ne refuserez pas de vous associer à cette bonne œuvre, en vous faisant inscrire sur nos listes, pour la somme que vous jugerez à propos de consacrer à nos beaux vitraux.

La souscription pourra être remise ou adressée à M. l'abbé BERNARD, curé de Lhuître. Le prix de la brochure sera inscrit intégralement avec l'offrande, si modeste qu'elle soit.

Dans l'espoir d'un accueil favorable, veuillez agréer, Monsieur et cher Souscripteur, l'hommage de mes sentiments de reconnaissance les plus distingués et dévoués.

L'Abbé BERNARD,
Curé à Lhuître (Aube).

NOTICE

DESCRIPTIVE ET HISTORIQUE

SUR

Les Vitraux de l'Église

DE LHUITRE

On se souvient, — et l'on se souviendra longtemps encore — du terrible incendie occasionné par la foudre, qui détruisit, dans la nuit du 10 au 11 juillet 1874, le clocher et les combles de l'église de Lhuître, en causant de grands dégâts aux autres parties de l'édifice. Les pertes totales s'élevèrent à plus de 200,000 francs.

Depuis cette époque, grâce au zèle actif du regretté abbé Maillot; grâce au généreux concours du Gouvernement, du Conseil général de l'Aube, du Conseil municipal de Lhuître, et des nombreux bienfaiteurs étrangers qui vinrent en aide aux habitants de la commune, ce remarquable monument historique, l'un des plus beaux du département de l'Aube, a pu renaître de ses cendres; sinon sous son aspect primitif, avec sa riche couverture de plomb, du moins dans un état qui en assure la solidité et la conservation.

La tour et le clocher ont été reconstruits; les combles refaits et couverts, partie en ardoises, partie en tuiles; les murs extérieurs repris en sous-œuvre et parfaitement restaurés; deux gros piliers reconstruits; enfin trois belles cloches refondues.

Cependant, pour des causes diverses qu'il est inutile de rappeler ici, les travaux de réfection ne furent pas complètement achevés. Il reste à consolider l'un des gros piliers du chœur qui soutiennent la tour, et dont les premiers travaux partiels ont été mal exécutés. Par suite il fallut l'étayer à l'aide de poutres et d'étançons, d'un effet déplorable au milieu de cette belle église; car malgré toutes ses restaurations, elle paraît toujours être en ruine.

Projet de Restauration.

Mais le travail le plus urgent qui s'impose aujourd'hui, celui que doivent avoir à cœur tous les amis des arts et de la conservation des monuments historiques — à la fois gloire et richesse du pays — c'est la restauration des cinq grandes et magnifiques verrières ornant et éclairant le sanctuaire.

Ces vitraux, qui datent de la première moitié du XVIe siècle, mesurent 5[m]50 de hauteur sur 1[m]80 de largeur. Un meneau de 0[m]20 d'épaisseur divise en deux compartiments la fenêtre à baie en ogive; il se bifurque à la naissance du tympan, pour former les deux arcatures trilobées qui soutiennent le quadrilobe terminal.

Quatre de ces vitraux sont en couleurs vives, où dominent surtout le bleu, le rouge et le jaune-orange, dans une harmonie parfaite avec les figures de carnation.

Le premier (*au milieu*) représente les Mystères de la Passion; le second (*première fenêtre à droite*) retrace les Mystères glorieux; le troisième (*première fenêtre à gauche*), l'Histoire de Joseph; le quatrième (*deuxième fenêtre à droite*), les Huit Béatitudes, et le cinquième, en grisaille (*deuxième fenêtre à gauche*), le Miracle de l'Hostie (1).

Nous indiquons au chapitre suivant les raisons qui font adopter cet ordre.

Ces vitraux sont d'une remarquable finesse de dessin et d'une grande pureté de coloris, autant qu'intéressants et rares par les sujets représentés. Mais tous aussi, malheureusement, sont plus ou moins détériorés et ont besoin d'une réparation intelligente et habile. Des fragments ont disparu; d'autres ont été transposés et même renversés; quelques-uns, enfin, rapportés d'autres verrières et formant un non-sens et un anachronisme.

La restauration complète, avec réfection des meneaux

(1) Voir aussi notre *Notice sur l'Église de Lhuitre*, imprimée à Arcis, chez M. Léon Frémont, en 1875, page 6, note.

et pose d'un grillage extérieur, pour les protéger contre les mutilations provenant des projectiles du dehors, est évaluée à 13,600 francs; soit 2,720 francs par vitrail. Ce sont les chiffres du devis officiel, dressé par M. l'Architecte du Gouvernement à l'appui du projet.

Nous allons donner ici la description détaillée et technique de ces cinq vitraux, qu'il importe de restaurer au plus tôt, ainsi que de plusieurs fragments plus ou moins considérables.

Dans l'étude qui suit, l'orthographe et la disposition des inscriptions sont scrupuleusement respectées, et les parties manquantes complétées, autant que possible, selon le sens naturel de la phrase et le style employé. Pour les parties plus considérables, nous proposons une reconstitution du texte, sans oser l'entreprendre toujours. Les abréviations se devineront d'elles-mêmes et le bienveillant lecteur y suppléera facilement.

En appeler à la bienveillance du lecteur, ce n'est pas chercher à exclure la critique. Au contraire, nous serions heureux de voir cet humble travail passer sous les yeux d'hommes plus compétents que nous, pour sortir de leur sérieux examen, purifié des imperfections qu'ils voudraient bien nous signaler, et appuyé de nouveaux renseignements propres à éclaircir les points qui laissent aujourd'hui quelque incertitude.

LES VITRAUX DU SANCTUAIRE

Une belle pensée de symbolisme a dirigé la décoration du sanctuaire. Le XIVe siècle avait scellé une pierre d'attente à la clef de voûte de l'abside; c'était la Sainte-Face. Elle fut longtemps seul témoin de l'idée qui, au XVIe siècle, devait y fleurir si magnifiquement.

Le vitrail le plus ancien en date est celui de la fenêtre centrale; il représente les Mystères de la Passion.

Peu d'années après, il fut continué par le vitrail de la fenêtre de droite, où sont représentés les Mystères glorieux. On ne peut en effet séparer cette double série de mystères, les premiers étant la préparation nécessaire des autres, suivant cette parole du Sauveur : *Nonne oportuit pati Christum et ita intrare in gloriam suam?*

Dans la fenêtre de gauche, un troisième vitrail, complétant les deux premiers, emprunte à l'Ancien Testament une des figures les plus caractéristiques des souffrances et du triomphe de Notre-Seigneur. C'est l'histoire édifiante de Joseph, vendu, jeté en prison, élevé ensuite à la plus haute dignité de l'Égypte et pardonnant à ses frères coupables dont il devient le sauveur.

Deux fenêtres restaient encore à décorer de vitraux. Après avoir montré Jésus mourant dans la souffrance et ressuscitant dans la gloire, on eut la belle et ingénieuse pensée de représenter la vie du chrétien, image de celle de Jésus-Christ; les vertus qu'il doit pratiquer; les souffrances qu'il doit endurer; la récompense qu'il doit obtenir. Aucun sujet ne pouvait mieux rendre cette idée que les huit Béatitudes. Le peintre-verrier fut chargé de les reproduire dans la seconde fenêtre de droite du sanctuaire, à côté des Mystères glorieux.

Enfin dans la dernière (seconde fenêtre de gauche du sanctuaire), on voulut rappeler au chrétien que la force pour pratiquer la vertu, le courage pour endurer la souffrance, et le gage assuré de la récompense éternelle, se trouvent dans la Sainte Eucharistie, à condition qu'il la reçoive dignement. Pour traduire cette pensée, on représenta l'histoire de la Sainte Hostie profanée par un juif de la rue des Billettes, à Paris, montrant ainsi Notre-Seigneur souffrant l'outrage dans l'Eucharistie, comme il l'avait souffert dans sa Passion, mais toujours vainqueur et triomphant.

Ce que les vitraux enseignaient dans ces délicieuses pages de verre, l'autel l'enseignait à son tour dans un Retable en pierre, chef-d'œuvre de la Renaissance, où le ciseau du sculpteur a retracé, avec un art admirable, les scènes douloureuses de la Passion et le glorieux épisode de la Résurrection. Là, encore, les fidèles voyaient les douleurs et le triomphe de Jésus, et le sculpteur leur apprenait comme le peintre-verrier, qu'ils doivent, eux aussi, arriver à la gloire par la souffrance. Dans une galerie superbe dominant les scènes de la Passion et de la Résurrection, les Apôtres apparaissaient avec les instruments de leur martyre, devenus les insignes de leur triomphe. Placées au milieu des Apôtres, les trois Vertus théologales et les quatre Vertus cardinales rappelaient, comme le vitrail des huit Béatitudes, que le seul chemin du bonheur éternel est celui de la vertu.

Les Mystères de la Passion avaient ainsi leur complet épanouissement, avec la même richesse d'expression, le même fini d'exécution, le même intérêt artistique, tant en peinture sur verre qu'en sculpture, dans ce beau sanctuaire. Les tableaux se succédaient, passant de la verrière à l'autel, de l'autel à la verrière suivante, sans confusion, sans heurt, sans répétitions inutiles.

Beau sanctuaire, en vérité, car il montrait la vie du Sauveur, sous les aspects divers où elle s'est révélée à nous : sa vie figurée dans l'Ancien Testament ; sa vie humaine dans le mystère de la Rédemption ; sa vie glorieuse dans le triomphe de la Résurrection ; sa vie mystique dans les chrétiens fidèles ; sa vie sacramentelle dans la Sainte Eucharistie.

Un jour, il est bien permis de l'espérer, après avoir été longtemps laissé dans l'oubli, ce Retable viendra reprendre sa place d'honneur sous la pierre d'attente, sous la Sainte-Face. Dieu permette que ce soit bientôt! *Respice, Domine, in Faciem Christi tui!* (1)

Dans la description des vitraux du sanctuaire, nous

(1) Nous espérons qu'il sera publié prochainement une Notice sur cet intéressant Retable et quelques objets qui n'ont pas encore été décrits.

suivrons cet ordre symbolique et d'ancienneté, au risque de fatiguer le visiteur en le faisant passer alternativement d'un côté à l'autre. Il nous pardonnera, en remarquant combien cet ordre est naturel. Les couleurs, vives pour commencer, se tempèrent insensiblement, se mélangent avec la grisaille et finissent en grisaille. Rien, à défaut de date, ne saurait mieux prouver la vérité de ce que nous avons avancé.

LES MYSTÈRES DE LA PASSION

Cette fenêtre est de toutes la plus mutilée, bien qu'elle ne soit pas la plus compromise. C'est presque le chaos; les tableaux sont transposés, quelques-uns ont disparu; les fragments d'inscriptions sont jetés au hasard, malheureusement trop rares et trop peu importants pour donner un renseignement utile. Ils proviennent aussi de quatre verrières différentes.

Une petite pièce de verre bleu, insérée dans la Cène, atteste une des réparations de la fenêtre. On y lit ces mots écrits au simple trait d'écriture cursive :

r Deuarennes vitrier
a Remis cespanaux en
plant (1) ce 21 Juin
1736.

Devarennes serait-il lui-même responsable du désordre de la verrière? Nous laisserons volontiers cette question de côté. Aussi bien nous serait-elle impossible à résoudre, car les anciens comptes enregistrent souvent des sommes plus ou moins considérables pour les « vitres » de l'Église.

Les dix panneaux de cette verrière sont couronnés par un bandeau reposant sur deux pilastres incrustés de marbre, avec base et chapiteau. Le bandeau n'a pour ornement qu'une feuille d'or, à l'angle formé par la courbure des extrémités.

Les lancettes sont terminées par un bandeau perlé, festonnant en plein ciel bleu.

Au quadrilobe, le Père Éternel, en chape rouge, avec la couronne impériale, portant le globe terrestre orné de la croix, est assis sur un trône d'or au-dessus des nuages et environné de gloire. — Six anges, dont deux chérubins bleus et deux séraphins rouges, forment sa cour.

Nous suivrons pour la description l'ordre logique et chronologique des scènes, sans nous inquiéter de la disposition actuelle, par trop défectueuse.

Mais auparavant nous devons étudier un petit fragment d'inscription :

.... ētin de V...... *doñe* ceste vr*iere*

(1) C'est-à-dire en plomb.

De quel *Valentin*, *Florentin* ou *Aventin* inconnu peut-il bien être question? Malgré de nombreuses recherches, il nous est impossible d'établir d'une façon péremptoire l'identité du donateur. Toutefois, jusqu'à preuve du contraire, on peut indiquer comme probable le nom de *de Vrissart* (1). Les membres de cette famille possédaient une partie des seigneuries de Lhuître et de Targes (2).

Une tombe de marbre noir (1ᵐ 18 sur 2ᵐ 28) nous rappelle le souvenir d'Artus de Vrissart. Elle a été transportée, sans avantage, de l'entrée du sanctuaire derrière le maître-autel, où les armoiries de ce seigneur, après avoir été malheureusement grattées, continuent à s'user sous les pieds. Il est grand temps de prendre à ce sujet des mesures conservatoires et de la replacer dans un endroit plus favorable, car c'est l'unique vestige des anciennes pierres tumulaires qui devaient jadis orner notre église. Les actes religieux mentionnent en effet l'inhumation de plusieurs personnes « dans l'église », « proche des fonts » ou « devant le crucifix de la grande nef ».

L'inscription porte en lettres gothiques allongées :

> « Cy gist Artus de Vrissart escuyer seig^r
> de luistre en ptie quj a cōmande en chef a
> vne compagnie de gens de pied entretenu
> du de puis a de la cauallerie quj deceda le 8
> de Januier 1610 (3). »

Un autre membre de la même famille, Granier de Vrissart, achetait en 1605, à la maison de Dampierre, le moulin de Nuisement, aujourd'hui détruit.

Le donateur de la verrière des Mystères de la Passion ne serait-il pas un ancêtre de Granier et d'Artus de Vrissart? L'étude sérieuse de l'histoire locale finira par découvrir son nom, nous l'espérons.

(1) On rencontre aussi *de Brissart* et *de Brissard*.

(2) Village détruit au xvᵉ siècle, finage de Trouan-le-Grand.

(3) Le vnzej (janvier). Anniuersaire pour deffunct Antoine Artus de Brissart Escuyer Seigneur de Luitre en party et targe, de trois messe haute vigille Et Recommandise les margeliers doiuent porter pain et vin. (« *Fondations oblets et Seruices* » de 1695).

I

Le Lavement des Pieds.

Récit évangélique : Le premier jour des azymes, où devait être immolée la Pâque, deux de ses disciples, Pierre et Jean, dirent à Jésus : Où voulez-vous que nous allions vous préparer la Pâque ? Il leur répondit : Allez à la ville; vous rencontrerez un serviteur, porteur d'un vase d'eau; suivez-le où il entrera et vous direz au propriétaire de la maison : C'est le Maître qui l'a dit : mon temps approche. Avez-vous une salle de festin, car je célébrerai la Pâque chez vous avec mes disciples? Alors il vous montrera une grande salle préparée, vous y disposerez toutes choses. Ils agirent comme Jésus leur ordonnait, vinrent à la ville et trouvèrent tout selon qu'il avait annoncé. Ils préparèrent donc la Pâque et, le soir venu, Jésus prit place à table avec ses douze disciples. Mais le repas étant commencé, Jésus se lève de la cène et dépose son manteau. Puis il attache une serviette autour de lui, verse de l'eau dans un bassin et se met à laver les pieds de ses apôtres, et à les essuyer avec le linge dont il était ceint. Il vint donc tout d'abord près de Simon Pierre. (*Joan. XIII. 4 et seqq.*).

Jésus lava les pieds de ses apôtres, avant la manducation de l'agneau pascal, au moment où dans la Pâque juive les convives se lavaient les mains. Il les disposait ainsi à la réception de la divine Eucharistie, qu'il allait instituer.

Depuis longtemps déjà, l'agneau pascal ne se mangeait plus debout, ce qui explique comment Jésus se lève de table.

Saint Pierre, on le voit, s'est résigné avec regret. Ses deux jambes, dénudées jusqu'au genou, sont au-dessus du bassin et Notre-Seigneur, un genou en terre devant lui, passe sa main sur les jambes pour les laver. Les apôtres — il en manque un, évidemment disparu de la verrière — semblent surpris de la grande humilité du Sauveur.

Parmi eux, Judas est reconnaissable, comme dans tous les panneaux où il figure, au manteau vert jeté sur sa robe jaune et à l'absence de nimbe. Une main appuyée sur l'épaule de Pierre, il regarde attentivement, par-dessus la tête de celui-ci, l'action de Jésus. Cette parole qui le visait directement : *Vous êtes purs, mais non pas tous*, l'a fortement troublé, et l'impression dure encore.

II

La Cène.

Suivant les Saints Évangiles, le repas touchant à sa fin, Jésus prit du pain et le bénit. Ensuite il le rompit et le donna à ses apôtres en disant : Prenez et mangez, car ceci est mon corps. Puis il prit du vin, le bénit de même et le leur présenta en disant : Ceci est mon sang. Buvez-en tous, car c'est le calice de la nouvelle alliance dans mon propre sang, répandu pour vous.

Il manque ici le groupement symétrique des apôtres trois par trois, adopté par tous les grands maîtres et conforme à l'usage ancien. Les convives reposaient trois ou quatre ensemble sur le même lit. Ainsi s'explique naturellement la pose traditionnelle de saint Jean. Mais ici, le disciple aimé de Jésus est placé en face. Judas est assis sur une chaise.

Jésus tient le pain en sa main gauche et le bénit de la droite, en prononçant les paroles sacramentelles : Ceci est mon Corps. Ses regards sont légèrement élevés vers le ciel ; c'est l'instant précis de la première consécration.

Saint Pierre tient dans sa main un vase à couvercle fermé, le vin, qu'il s'apprête à donner au Maître. — Les apôtres sont en admiration silencieuse. — Les yeux de Judas sont comme attachés sur le pain consacré.

La muraille est presque nue ; deux fenêtres à carreaux blancs en losanges ; un pilastre carré avec incrustations de marbre ; un fragment de tenture à la droite du Christ. D'ailleurs, toute cette partie a été remaniée.

Près de Judas, nous voyons l'agneau pascal tout entier. Notre-Seigneur dut suivre le rite de la Pâque juive ; le pain azyme était rompu, béni et distribué, avant qu'on ne coupât et distribuât l'agneau pascal. Après, nul autre mets n'était plus servi. (*Abbé Fouard*, *Dictionnaire de la Bible, art. Cène*).

Il n'en fut pas de même de la consécration du vin, qui eut lieu *postquam cœnatum est*.

L'agneau pascal reste, en tout cas, comme figure de la nourriture eucharistique, ainsi que le dit le Saint Concile de Trente : « C'est après avoir célébré la pâque ancienne, immolée par tous les fils d'Israël, en mémoire de leur sortie d'Égypte, que le Christ institua la pâque nouvelle, c'est-à-dire lui-même, pour être immolée dans l'Église, sous des signes visibles, par le ministère des prêtres, en souvenir de son passage de ce monde à son Père, quand il nous eut rachetés par l'effusion de son sang, délivrés de la puissance des ténèbres et transportés en son royaume. » *(Sess. XXII, c. I).*

III

L'Agonie au Jardin des Oliviers.

Jésus est en prière; le calice surmonté de l'hostie est placé devant lui, sur un petit tertre. — On voit encore, à côté, une aile de l'ange qui descendit du ciel, pour le réconforter dans sa douloureuse agonie.

Les trois apôtres qu'il avait choisis pour l'accompagner, sont plongés dans le sommeil. Pierre dort, la main droite prudemment appuyée sur son épée, dont on aperçoit seulement la garde et la poignée. Ravissante pose et figure de saint Jean. — Une partie de la clôture du jardin a disparu. — Une belle tête d'évêque a été malencontreusement rapportée dans ce panneau.

Tous les évangélistes ont parlé avec quelques variantes de cette scène : Jésus vint avec ses disciples dans un jardin appelé Gethsémani, et leur dit : Restez ici, pendant que j'irai là pour prier. Puis prenant Pierre et les deux fils de Zébédée, il commença à se livrer à la tristesse et à l'ennui. Et il leur dit : Mon âme est triste jusqu'à en mourir; attendez ici, veillez avec moi. Et avançant un peu plus loin, il tomba la face contre terre, priant et s'écriant : Mon Père, s'il est possible, éloignez ce calice de moi; cependant qu'il soit fait à votre volonté et non à la mienne. Puis, venant à ses disciples, il les trouva endormis. *(Matth. XXVI. 36 et seqq.).*

IV

Le Baiser de Judas.

Récit de l'Évangile : A peine avait-il fini, que Judas, l'un des douze, vint en compagnie d'une grande multitude, armée d'épées, de bâtons, et éclairée de torches, envoyée par les princes des prêtres et les anciens du peuple. Le traître leur avait donné le signal : Celui que j'embrasserai, prenez-le, c'est lui. Et aussitôt, s'approchant de Jésus : Je vous salue, Maître, dit-il, en l'embrassant. Et Jésus lui dit : Mon ami, qu'êtes-vous venu faire? Vous livrez donc le Fils de l'homme par un baiser? Mais la foule l'entourait et mettait la main sur sa personne. Alors Pierre, un de ceux qui étaient avec Jésus, étendit la main pour tirer son épée. Il en frappa un serviteur du prince des prêtres et lui coupa l'oreille droite. C'était Malchus.

Telle est la scène représentée ici. Pendant qu'il reçoit le perfide embrassement de Judas, un soldat, dont on aperçoit seulement la main et la manche verte, venant par derrière Notre-Seigneur, lui passe une corde autour du cou. — Trois autres soldats, à gauche, vont s'emparer de Jésus; ils ont un air plutôt intimidé. — Mais à droite, un personnage arrive plus décidé, avec un grand bâton, prêt à frapper.

Au-dessous, Malchus terrassé cherche à se défendre avec sa main droite. Pierre a déjà levé son épée; il en tient le fourreau de la main gauche.

V

La Condamnation de Jésus chez Caïphe.

On ne voit du Christ que le bas de sa robe et ses deux mains liées. — Le soldat qui le conduit n'a lui-même plus de tête. — Caïphe porte la mitre en croissant sur la tête; il est revêtu, par-dessus la robe rouge, d'un surplis plissé et à larges manches. Il déchire en ce moment son vêtement, tandis qu'à droite, un juif à turban témoigne par son attitude indignée l'horreur que lui inspire la réponse de Jésus. — A gauche, en arrière, un soldat.

Dans le haut, deux étendards se déroulent, sans hampe. Nous en parlerons au VIIe tableau.

Le Grand-Prêtre, racontent les Saints Évangiles, se leva, vint se placer au milieu et dit à Jésus : N'avez-vous rien à répondre à tous ces témoignages qui vous sont contraires? Mais il se taisait. Et le prince des prêtres lui dit encore : Je vous adjure, par le Dieu vivant, de nous déclarer si vous êtes le fils de Dieu. Jésus répondit : Vous l'avez dit, je le suis, et vous verrez le fils de l'homme assis à la droite du Dieu tout-puissant, et venant porté sur les nuages célestes. Aussitôt le prince des prêtres déchira ses vêtements en disant : Il a blasphémé ; qu'avons-nous encore besoin de témoins? Vous avez tous entendu son blasphème ; que vous en semble? Et tous se mirent à crier : Il mérite la mort !

Nous croyons bon d'indiquer ce qu'était le Sanhédrin ou Grand Conseil des Juifs qui condamna Notre-Seigneur.

D'après Glaire (*Introduction historique et critique aux livres de l'Ancien et du Nouveau Testament, tome II, p. 435*), il était composé de 71 juges, y compris le président, qui était presque toujours le Grand-Prêtre.

Les juges formaient trois ordres : 1° l'ordre des prêtres, appelés aussi princes des prêtres, comprenant les grands-prêtres honoraires (Anne, par exemple) et les chefs des 24 classes sacerdotales ; 2° celui des vieillards ou anciens du peuple, composé des chefs des tribus et des familles ; 3° enfin celui des scribes ou savants.

Tandis que les autres entraient dans le sanhédrin par la voie de l'élection, les prêtres étaient seuls juges de droit. Ils avaient à leur tête le Grand-Pontife. Joseph, surnommé Caïphe, exerçait depuis trois ans le suprême pontificat.

Cette fonction, primitivement conférée à vie, était à ce moment élective, par conséquent devenue vénale, sujette à de nombreux changements, parfois même annuelle. Soit par faiblesse de caractère, soit par crainte révérencieuse et exagérée, Caïphe remettait volontiers toutes choses à la volonté et au jugement d'Anne, son beau-père. Anne était un homme très-fin ; il avait précédemment été Grand-Pontife.

Les scribes avaient pour chef un homme remarquable, Gamaliel, maître de saint Paul, favorable à Jésus et plus tard aux chrétiens. Il était pharisien et de la race de David.

Les attributions souveraines du Grand Conseil se trouvaient bien diminuées, depuis la domination romaine. L'empire s'était réservé les causes capitales, au grand désespoir du peuple. Le sanhédrin n'avait donc plus guère à prononcer qu'en matière spirituelle. La lapidation de saint Étienne n'est pas une exception, car elle fut le résultat, non d'un jugement régulier, mais d'une exaspération violente (*Act. VII, 57*). C'est également sans jugement que saint Jacques le Mineur fut précipité du pinacle du temple.

D'après ces explications, on comprendra pourquoi Jésus est mené tout d'abord chez Anne (*Joan. XVIII, 13*); pourquoi les trois colléges ou ordres sont réunis dans la maison de Caïphe (*Matth. XXVI, 57*); pourquoi ils déplorent devant le gouverneur romain, Pilate, à qui ils sont obligés de remettre Jésus, la perte de leur prérogative : *Nous n'avons plus le droit d'exécuter les sentences de mort* (*Joan. XVIII, 31*). *Cependant notre loi le punit de mort, car il s'est fait passer pour le fils de Dieu* (*ibid. XIX, 7*).

VI

Ave Rex Judæorum.

Ce tableau n'existe plus ici; il a été transporté dans la verrière suivante, au-dessous de la Descente du Saint-Esprit. Encore n'est-il pas complet.

Jésus est assis, couronné d'épines et revêtu simplement du manteau violet. Il porte à la main un roseau vert et feuillé. — Devant lui, agenouillé sur un beau pavé de marbre, un valet offre avec contorsions ses hommages méprisants. Les soldats ou autres personnages témoins de ces dérisions ont tous disparu.

Les soldats, nous disent les Saints Évangiles, rassemblèrent autour de Jésus toute la cohorte. Ils le dépouillèrent de ses vêtements et l'entourèrent d'un manteau de pourpre. Puis ayant tressé une couronne avec des épines, ils la lui posèrent sur la tête, ainsi qu'un roseau dans la main. Alors fléchissant le genou, ils lui disaient avec moquerie : Salut, roi des Juifs. Ensuite, ils lui crachaient au visage et prenant le roseau, ils l'en frappaient à la tête.

VII

Ecce Homo.

Le Christ, couronné d'épines, un grand roseau vert et bien feuillé dressé entre son bras gauche et le corps, le manteau violet sur les épaules, arrive sur une terrasse de trois degrés d'où il domine la foule. Ses deux mains sont attachées par une corde que tient un soldat.

Deux petits enfants gravissent les degrés de la terrasse en tendant les bras vers Jésus. Crieraient-ils aussi : *Crucifigatur?* (1)

A côté, dans une sorte de tribune à draperies vertes frangées d'or, Pilate, vieillard à belle barbe blanche, montre Jésus à la foule et s'explique vivement. Mais personne ne l'écoute. La tribune paraît être dans le jardin ou la cour du palais de Pilate, car on aperçoit des arbres. — Il y avait peu de personnages dans ce tableau, mais deux têtes au moins ont disparu.

Pilate sortit une seconde fois et leur dit : Voici que je vous l'amène au dehors, afin de vous déclarer que je n'ai rien trouvé en lui de blâmable. Jésus parut donc avec la couronne d'épines et la robe de pourpre. Et Pilate leur dit : Voici l'homme. (*Joan. XIX, 4 et 5*).

Une partie du palais faisant retour d'angle avec la tribune où se tient Pilate est rejetée à droite. Le panache d'un casque indique le soldat qui tenait devant lui la bannière de l'empire. La hampe se voit au-dessus avec une extrémité de la bannière flottant au vent. Le reste de l'étendard, une partie du palais et un second étendard plus petit ont été transportés au Ve tableau.

Leur place naturelle est sûrement ici, près du gouverneur, à moins qu'ils n'appartiennent à un des tableaux disparus. Mais on ne saurait les garder dans la maison de Caïphe, car si dans la crainte du peuple, le sanhédrin

(1) La verrière centrale de l'abside de Pouan reproduit le même détail.

était heureux de sentir Jésus gardé par les soldats, il n'aurait pas été flatté de même façon, en voyant l'étendard de l'empire se dérouler jusqu'au sein du grand Conseil, comme pour présider à ses décisions et les sanctionner.

Ces deux étendards sont d'or, à l'aigle éployée de sable. D'après E. Simon de Boncourt : « Quand l'aigle à deux têtes est de sable, on la nomme *aigle de l'Empire*. Ce fut Constantin qui le premier prit une aigle à deux têtes, pour montrer que l'empire, quoique divisé, ne formait néanmoins qu'un seul corps. » (*Grammaire du Blason, p. 85.*)

Ces étendards ne sont donc autres que l'application de celui des empereurs d'Occident, à l'empire romain.

Pour compléter cette verrière, on pourrait représenter Madeleine aux pieds de Jésus; l'Entrée triomphale à Jérusalem; Jésus devant Hérode. Ou encore la Flagellation; le Couronnement d'épines; Jésus consolant les Filles de Jérusalem, comme à Saint-Étienne-sous-Barbuise. Nous y retrouvons partie des Mystères douloureux et glorieux, qui paraissent l'œuvre du même peintre-verrier.

Saint Fiacre.

Il est honoré comme patron des jardiniers (30 août). Peut-être qu'une ancienne Confrérie de ce nom était donatrice de la verrière. Mais rien ne le prouve absolument; c'est plutôt l'indication d'une dévotion populaire de la contrée. A Granville, une verrière, datée de 1507, le représente dans le même panneau, avec sainte Tanche, la glorieuse vierge martyre de Lhuitre.

Saint Fiacre porte une longue robe blanche avec le scapulaire monacal et le capuce noir. Il tient une bêche, son attribut habituel, et un livre d'heures à tranche dorée et fermé. Des arbres et une maisonnette le font supposer dans un jardin.

Scènes de la Vie de Saint Nicolas.

Trois tableaux du XVe siècle ont été rapportés de la fenêtre au-dessus de l'autel de la Charité.

1° *Reproduction de la légende corrompue des trois officiers.*

Les trois enfants nus dans une cuve. — A côté, un personnage, le boucher de la légende, avec son couperet. — Le saint a disparu.

2° *La tempête apaisée.*

Deux personnages sont en prière sur un navire. Saint Nicolas étend la main vers ce navire, car il est en dehors. — Des flots irrités émergent des figures fantastiques et grimaçantes d'hommes, de femmes et de démons, qui arrêtent les rames ou brandissent des torches enflammées.

D'après la Légende dorée : « Quelques mariniers en danger de périr le prièrent ainsi, en versant des larmes : Nicolas, serviteur de Dieu, si les choses sont vraies que nous avons ouïes, donne-nous ton assistance. Et alors il leur apparut un homme qui avait sa figure et qui leur dit : Me voici, ne m'appelez-vous pas? Et il commença à les aider dans la manœuvre du bâtiment, et la tempête cessa. Et quand ils furent venus à son église, eux qui ne l'avaient jamais vu auparavant, reconnurent que c'était lui qui les avait assistés sur mer. Et ils rendirent grâces de leur délivrance à Dieu et à lui. Et il leur dit d'attribuer ce miracle à la miséricorde de Dieu et à leur foi, et non pas à ses mérites. »

3° *La résurrection d'un matelot.*

Animé du désir de visiter les Saints Lieux, saint Nicolas s'était embarqué sur un navire faisant voile pour Alexandrie. Il prédit au pilote une horrible tempête qui serait suscitée par le démon. La violence en fut telle que les passagers coururent danger de mort. Mais ils s'adressèrent au saint évêque qui les consola, en leur promettant que dans une heure tout aurait cessé.

Cependant, un matelot fut précipité du haut d'un mât par la violence de l'ouragan, et tomba mort sur le pont. Saint Nicolas rendit la vie à ce jeune homme.

Un personnage prie le saint en faveur du pauvre matelot, qui est couché à terre, les mains jointes. — Un autre avec son aviron.

Ces trois tableaux sont à fond de tapisserie bleue, encadrés d'un édicule gothique et d'une bordure d'oiseaux tournés alternativement en dedans et en dehors. La couleur en est ternie et effacée par places ; souvent on ne distingue guère les sujets qu'au trait.

LES MYSTÈRES GLORIEUX

Cette verrière se compose de huit tableaux, surmontés d'une galerie de festons, masques et animaux fantastiques, sur fond noir piqué de blanc. Deux pilastres étagés, à large socle circulaire, masque barbu et élégant chapiteau, soutiennent cette galerie.

Les panneaux se lisent de gauche à droite, en commençant par le bas. Il y a exception pour les quatre premiers, qui, ayant été intervertis, se lisent présentement de droite à gauche.

Dans le quadrilobe, image sur fond d'or, du Père Éternel assis, la couronne impériale sur la tête, tenant en sa main la sphère du monde surmontée de la croix. Il est en aube et en chape violette, environné de nuages et accompagné de cinq séraphins.

I

Le Donateur.

Le premier tableau représente un donateur en prière, revêtu du surplis et de la robe violette, agenouillé sur un prie-Dieu recouvert de draperies rouges, avec un livre ouvert.

Nous n'avons pu retrouver le nom du généreux bienfaiteur, sans doute curé de Lhuître à cette époque et chanoine; il a sur le bras l'aumusse de fourrure (1).

Il est assisté de son patron, saint François d'Assise, debout, s'élançant en avant, et recevant l'impression des Stigmates.

Voici comment saint Bonaventure raconte la vision de saint François :

« Il vit comme un Séraphin, ayant six ailes éclatantes

(1) Les archives de Châlons-sur-Marne pourront un jour donner son nom, d'autant plus facilement que la date est précisée. Le prieuré-cure de Lhuître appartenait à l'abbaye de Toussaint-en-l'Isle, de l'ordre de Saint Augustin. La nomination des prieurs faite par l'abbé de Toussaint était soumise à l'approbation de l'évêque de Troyes. Cette nomination remonte avant l'année 1517, car le registre des collations et autres actes faits par Jacques Raguier n'en parle pas. (*Bibliothèque de Troyes, ms. 362.*)

et toutes de feu, qui descendant du ciel, vint d'un vol rapide se placer dans l'air auprès de lui. Entre ses ailes, paraissait la figure d'un homme crucifié, qui avait les mains et les pieds étendus et attachés à une croix. Ses ailes étaient disposées de manière, qu'il en avait deux sur la tête, deux s'étendaient pour voler et les deux dernières lui couvraient tout le corps... Après un entretien secret et familier, la vision disparut. Mais son âme resta embrasée d'une ardeur séraphique, et son corps fut extérieurement marqué d'une figure semblable à celle d'un crucifix, comme si sa chair, amollie et fondue par le feu, avait reçu l'impression d'un cachet; car aussitôt les marques des clous commencèrent à paraître dans ses mains et dans ses pieds, telles qu'il les avait vues dans l'image de l'homme crucifié. Ses pieds et ses mains semblèrent percés de clous dans le milieu; les têtes de clous rondes et noires étaient au-dedans des mains et au-dessus des pieds; les pointes, qui étaient un peu longues et dépassaient de l'autre côté, se recourbaient et surmontaient le reste de la chair, dont elles sortaient. François avait aussi à son côté droit une plaie rouge, comme s'il eût été percé d'une lance; cette plaie jetait souvent du sang, qui trempait sa tunique et ce qu'il portait sur les reins. »

C'était sur le mont Alverne en Toscane, à quelque distance d'Arezzo. Un ange révéla à saint François qu'à la mort du Christ, les rochers s'y étaient fendus, comme à Jérusalem. De là, la dévotion du saint pour cette montagne, qui lui rappelait la passion du Sauveur.

L'Église a institué une fête spéciale pour rappeler l'Impression des Stigmates de saint François (17 septembre).

Cinq rayons noirs se dirigent des plaies du crucifix, aujourd'hui disparu, à celles imprimées sur les mains, les pieds et le côté de saint François. — Auprès, un religieux, frère Léon, revêtu du capuce et sommeillant. — Une église au milieu du paysage.

Fragment d'inscription :

Messire François.....a doñe ceste Vriere lan Mil V^cXXXV. priez dieu po^r luy.

Un des chiffres X a été transposé et se trouve au-dessus de la tête du Christ dans le panneau de la Résurrection.

II

La Descente de Croix.

Ce tableau est incomplet. — Joseph d'Arimathie et Nicodème descendent avec précaution le corps du Sauveur. Ils lui ont passé un long suaire blanc par-dessous les bras. Nicodème, coiffé d'un turban à bouts pendants en arrière et vêtu d'une robe très-riche de drap d'or, laisse glisser doucement le suaire enroulé sur un bras de la croix. Celle-ci est en forme de T.

Joseph soutient le corps et le descend à l'aide d'une échelle. Sa coiffure est une sorte de bonnet à houppe, à larges bords, relevés et échancrés au milieu avec un brillant.

A gauche, une sainte femme debout. C'est Marie-Madeleine, qui contemple Jésus avec amour. Elle ne porte pas le nimbe.

Récit des Saints Évangiles : Un homme riche d'Arimathie, ville de Judée, nommé Joseph, décurion, homme juste et bon, qui n'avait pas voulu s'associer aux actes de leur conseil, car il était disciple de Jésus en secret, par crainte des Juifs, et attendait le royaume de Dieu, vint réclamer sans crainte à Pilate le corps de Jésus. Pilate s'informa près du centurion si Jésus était mort, et ordonna de lui remettre le corps. Nicodème, celui qui était venu déjà nuitamment à Jésus, arriva aussi portant un parfum de myrrhe et d'aloès, de près de cent livres. Ils détachèrent le corps de la croix et l'ensevelirent. Des femmes venues également de Galilée, Marie-Madeleine et Marie Jacobé, se tenaient assises près du tombeau, pour regarder où et comment ils le plaçaient.

La partie inférieure du tableau manque; elle est remplacée par un panneau du XIVe siècle, provenant de la fenêtre au-dessus de la sacristie, l'*Adoration des Mages*.

Sur un fond de tapisserie, encadré d'un bel édifice gothique, deux rois couronnés portent l'encens et la myrrhe, dans un vase fermé qui ressemble à un ciboire. Ils ont un manteau garni de fourrure au collet et au bord inférieur. L'un d'eux porte une riche ceinture et montre l'étoile. — Le troisième offre ses présents, des pièces d'or, dans un vase semblable, mais ouvert. Il est tête nue et le genou fléchi à terre. Il a de beaux parements perlés aux manches et une aumônière pend à son côté.

III

La Résurrection.

Le Christ, vainqueur de la mort, est debout sur son tombeau, revêtu d'un manteau rouge et portant la bannière surmontée de la croix. Le manteau est jeté sur les épaules, pour laisser paraître les cicatrices des cinq plaies. Derrière lui, on voit s'élever une montagne toute verte, le Calvaire, près duquel Jésus fut mis en sépulcre. — Trois soldats à riche armure de chevaliers gardent le tombeau, qui n'est point taillé dans le roc. Ils ont été renversés à terre. L'un d'eux est encore évanoui; le deuxième commence à reprendre ses sens, et le dernier se lève en portant la main à son arme, une sorte de hallebarde.

Le fait de la résurrection a été raconté par saint Matthieu (*XXVIII, 2 et seqq.*) : Il se fit un violent tremblement de terre ; un ange du Seigneur descendit du ciel, s'approcha pour détourner la pierre et s'assit dessus. Les gardes furent frappés de terreur et comme de mort à sa vue.

IV

La Descente de Jésus-Christ aux Limbes.

L'âme de Notre-Seigneur descendit aux limbes, aussitôt après sa mort. La place naturelle et chronologique de ce tableau serait donc avant la Descente de Croix et la Résurrection. Mais il est nécessaire de le maintenir en quatrième lieu, parce que le peintre y a représenté Jésus après sa résurrection.

Le Christ descend au sein de la terre, par une sorte de caverne, et arrive à l'entrée des limbes, une énorme gueule de lion, suivant la parole que nous fait chanter l'Église dans l'Offertoire des Morts : *libera animas omnium fidelium defunctorum de pœnis inferni et de profundo lacu, libera eas de ore leonis.*

Parmi les âmes des justes qui attendaient la délivrance,

on reconnait facilement Adam, Ève, Abel, saint Jean-Baptiste et probablement Abraham. Les figures sont très-belles.

Jésus, debout sur la planche servant de passage de la terre aux limbes, tend la main à Adam, pour le délivrer.

Au bas, un animal grimaçant, de couleur bleue, c'est le démon. Il n'a aucun droit sur les âmes des justes, elles sont toutes à Dieu. Le séjour de la gloire leur était seulement interdit, parce que Jésus-Christ n'avait pas encore ouvert le ciel, et que le péché pesant sur l'humanité entière n'était pas racheté. Ne soyons pas surpris, cependant, que le peintre ait attribué au démon quelque puissance sur ces âmes saintes. C'est bien lui qui les retenait ainsi dans les ténèbres, en dehors de la vue de Dieu et du bonheur du ciel. Il reste courbé, vaincu, anéanti en face de cette proie qui lui échappe, réduit maintenant au seul enfer des méchants, où il règne en maître souverain, et dans lequel il semble être refoulé avec confusion.

V

La Visite des Saintes Femmes au Tombeau.

Trois saintes femmes portant des vases de parfums, en face du tombeau vide. — Fragments de linges posés à une extrémité, et beaucoup de morceaux rapportés sans ordre. — A l'autre extrémité, un ange se tient debout, les bras croisés, parlant aux femmes : *(surrexit non) est hic.* Il est revêtu d'une robe blanche et par-dessus cette robe, particularité remarquable, d'une dalmatique rouge, à franges d'or.

Les saintes femmes sont richement habillées. L'une d'elles, en particulier, a de magnifiques orfrois couverts de perles, à son manteau et à sa robe. Sa coiffure est ornée de larges oreillons qui font un curieux effet avec le nimbe.

Récit des Saints Évangiles : Marie-Madeleine, Marie Jacobé et Marie Salomé, vinrent au tombeau, de grand matin, avec des aromates. Elles en trouvèrent la pierre renversée; un ange y était assis, son vêtement était blanc comme la neige, son visage éblouissant comme l'éclair, et il leur dit : « Ne craignez pas; je sais que vous cherchez Jésus qui a été crucifié; il n'est plus ici, il est ressuscité, comme il l'avait prédit. Venez et voyez l'endroit où le corps du Seigneur était déposé. » (*Matth. XXVIII, 1-6.*)

VI

L'Apparition de Jésus-Christ à Saint Thomas.

Revêtu du manteau violet, Jésus laisse voir à découvert sa poitrine. — Dix apôtres, visiblement impressionnés par cette scène, sont présents. — Saint Thomas met sa main dans la plaie du côté droit de Notre-Seigneur. Il a voulu se rendre compte de la vérité de la résurrection, et il est tombé à genoux, proclamant la divinité de son Maître.

C'est le côté droit qui fut percé par la lance, comme nous le fait déjà supposer ce qui a été raconté au premier tableau. N'était-ce pas d'ailleurs prédit dans les prophéties? *Ecce aquæ redundantes a latere dextro, cum egrederetur vir ad Orientem* (*Ezech. XLVII, 2*). Sainte Brigitte l'affirme aussi dans ses Révélations (*lib. VII, c. XV*). Jésus fut même frappé si violemment, que la lance, loin d'être arrêtée par les côtes, transperça le cœur de part en part (*ibid. lib. II, c. XXI*).

Récit de saint Jean (*Joan. XX, 26 et seqq.*) : Le huitième jour après la résurrection, les disciples étaient encore rassemblés et Thomas avec eux. Jésus vint, les portes restant fermées, et debout au milieu leur dit : Paix à vous. Ensuite, s'adressant à Thomas : Mets ici ton doigt et vois mes mains; étends la main et introduis-la dans mon côté : ne sois plus incrédule, mais fidèle. — Mon Seigneur et mon Dieu, s'écria Thomas. — A quoi Jésus répondit : Vous m'avez vu, Thomas, et c'est pour cela que vous avez cru, mais plus heureux ceux qui croient sans avoir vu.

Sur le manteau de Jésus, fragment rapporté de banderole, avec l'inscription : (*Ave*) *gracia plen*(*a*).

VII

L'Ascension.

Jésus est déjà dans la région des étoiles; on n'aperçoit plus que ses jambes et le bas de son manteau. — En dessous, la montagne des Oliviers, où se remarque l'empreinte des deux pieds. — Autour, la Sainte Vierge et quelques apôtres en adoration.

Récit évangélique : Il les emmena au dehors de Jérusalem, à Béthanie (Le mont des Oliviers appartenait à cette ville). Il étendit les mains pour les bénir et pendant ce temps il s'élevait vers le ciel. — Un nuage le déroba à leurs yeux, ajoutent les Actes des Apôtres (*Act. I, 9*). — Il est maintenant assis à la droite du Père.

VIII

La Descente du Saint-Esprit.

Voici le récit que nous lisons aux Actes des Apôtres (*Act. II, 1 et seqq.*) : Au jour de la Pentecôte, ils étaient tous rassemblés pareillement en un même lieu, au cénacle (c'est-à-dire les apôtres, la Sainte Vierge, les saintes femmes et les disciples, au nombre d'environ cent vingt, *ibid. I, 13 et seqq.*). Un bruit se fit entendre tout à coup du ciel, comme celui d'un vent impétueux, qui remplit toute la maison où ils se trouvaient. Des langues de feu distinctes leur apparurent, et se reposèrent sur chacun d'eux. Ils furent alors remplis du Saint-Esprit et se mirent à parler.

Le Saint-Esprit porte le nimbe crucifère. Belles figures de la Sainte Vierge et de saint Jean. Les apôtres ne sont pas tous représentés. La muraille est absolument nue, mais les fragments de pavé qui restent sont d'un dessin remarquable. Presque toute la partie inférieure de ce tableau a été transportée au bas du précédent.

L'HISTOIRE DE JOSEPH

Tout le sujet de la verrière se trouve dans les inscriptions placées au bas des deux compartiments.

Ce sont des vers de huit pieds, non rimés et affranchis assez librement des règles ordinaires de la versification. Accolés deux à deux, ils donnent le sujet de chaque tableau : en deux lignes, ou quatre vers, pour les tableaux du haut et du bas; en une seule ligne, ou deux vers, pour ceux du milieu. La dernière ligne à droite comprend trois vers de la même mesure.

Nous donnons ces inscriptions telles qu'elles se lisent, mais en nous permettant de séparer les vers par un — et en indiquant les parties complétées par des caractères *italiques*.

A gauche :

Le b*on* Iacob en son dormēt — voyent ou ciel dou*se grans estoiles*
a luy demonstrant verite — qui *deuroit* l*adorer* tres*tous*
Ses freres sur luy pleīs dēuie — *en esclaue* si le *vandirēt*
en la prisō si furent mis — le *schāson* et pane*tier du*
Roy. auec Ioseph sens mespris. — *qui leur* songe *bien exposit*

A droite :

*Freres Ios*eph sy le getere — en la cisterne *fort* obscure
et sa robe fut ensanglee — dune brebis que Il*s tuerent*
En luxure rauye. vouloit — auoir. *de* Joseph cōpagnie
aduīt que le Roy se troubla — du songe que de nuict songit
Adonc leschāson enuoya — querre Ioseph qui lexposit. — et de prisō le deliura

Les fautes ne manquent point, même celles que leur gravité eût dû faire éviter. Ainsi *Jacob* est mis par erreur pour Joseph ; *douze* étoiles pour onze seulement ; une *brebis* pour un chevreau.

Le quadrilobe représente l'*Ecce Homo* se détachant sur un fond bleu qui forme draperie. Un manteau rouge est jeté en arrière des épaules de Jésus, un linge blanc lui ceint les reins, et ses pieds reposent sur un tertre verdoyant. Il a un roseau feuillé en main et la couronne d'épines sur la tête. — Dans les écoinçons, des anges portent les instruments de la Passion : à droite, la Croix ; en haut, le fouet; à gauche, la colonne, et au bas, la lance.

En effet, Joseph est une des figures du Rédempteur. Il fut vendu par ses frères : Jésus fut livré par Judas, et délaissé par ses apôtres. — La robe trempée dans le sang du chevreau signifie l'humanité de l'agneau de Dieu, en laquelle seule il a souffert. — Joseph resta trois ans dans sa prison : de même le Christ passa par l'horreur du tombeau, sans y demeurer plus de trois jours. — Des deux prisonniers enfermés avec Joseph, un seul obtiendra grâce : Jésus est crucifié entre deux larrons, dont l'un sera admis à partager son ciel, le jour même. — Après ces épreuves, Joseph est élevé à la droite de Pharaon, comme Jésus glorifié le sera à la droite de son Père, dans le ciel. — Enfin, Joseph pourvoit par sa sagesse, à la nourriture de ses frères, pendant la famine, comme Jésus le fera par le pain eucharistique, le plus nécessaire à l'homme.

En haut des compartiments, un petit génie aux ailes vertes, sur fond rouge, tient une guirlande en chaque main.

Cette fenêtre se lit en commençant par le haut et en passant alternativement de gauche à droite. Elle ne contient que six panneaux, séparés par une galerie diversement ornée, et légèrement arquée aux extrémités pour s'appuyer sur des consoles.

I

Joseph racontant ses Songes.

Joseph eut un songe qu'il raconta à ses frères : « J'ai vu, leur dit-il, le soleil, la lune et onze étoiles qui m'adoraient ». Jacob le réprimanda doucement : « Est-ce que nous devrons t'adorer sur la terre, moi, ta mère et tes frères ? Que veut dire ceci ? » (*Gen. XXXVII, 9 et 10*).

Déjà précédemment, pendant qu'il était occupé avec ses frères à lier des gerbes dans un champ, il lui semblait avoir vu la sienne se relever, et les autres, rangées en cercle, l'adoraient.

Ces songes excitaient la jalousie des frères de Joseph contre lui. Ils avaient répondu avec humeur : Est-ce que tu deviendras notre roi ? Serons-nous donc soumis à ton empire ? (*ibid. 6-8*).

Mais le principal motif de ce mécontentement était la

prédilection marquée de Jacob pour Joseph, le fils de sa vieillesse. Les songes ne faisaient qu'augmenter et envenimer leur haine à son égard.

Joseph est représenté avec une figure toute candide. Il semble compter sur ses doigts. Il porte des molletières ornées, ses pieds sont nus.

Assis en face de lui, Jacob l'écoute attentivement, les deux mains appuyées sur un bâton. Le siége est élevé de deux gradins au-dessus de terre ; Joseph pose le pied droit sur le gradin inférieur. Le second est orné d'une chaîne à grains de chapelet, festonnée, remontant de place en place s'accrocher derrière des masques cornus à longue barbe.

A un angle du siège, une petite figure souriante rappelle Benjamin, dans sa première année.

Derrière Joseph, à droite, on voit ses frères, au nombre de six, travaillés par l'envie, probablement les six enfants de Lia, qui ne peuvent pardonner à Joseph. Les autres, enfants de Bala et de Zelpha, devaient être plus conciliants, puisqu'ils gardaient les troupeaux avec lui (*ibid.* 2). Leur air courroucé, leurs gestes menaçants, leurs apartés, tout fait croire qu'ils méditent de tirer vengeance, de satisfaire leur rancune. — A leurs pieds, près de Joseph, un chien.

Dans le ciel, on aperçoit encore la lune et quatre étoiles ; on en retrouve trois dans le panneau de saint Fiacre ; le reste a disparu. Toutefois, il est à remarquer que l'inscription en indique douze au lieu de onze. Le premier songe de Joseph n'est pas retracé dans le panneau.

Au-dessus de Jacob, parmi des pièces rapportées, une belle tête en grisaille.

II

Joseph jeté dans la Citerne.

Entièrement dépouillé de ses vêtements, Joseph est descendu par deux de ses frères dans une citerne. Ses deux mains s'appuient sur le bord ; une de ses jambes est encore au dehors. Ses larmes et ses supplications n'ont rien pu obtenir d'hommes aveuglés par la jalousie.

Cinq, à droite, s'intéressent plus ou moins au crime,

deux d'entre eux tiennent leur houlette. — Deux autres paraissent, à gauche, tuer un chevreau pour tremper la robe de Joseph dans le sang. Du moins l'attitude qu'on leur devine, malgré les pièces rapportées, ne saurait guère s'expliquer autrement. De plus, l'inscription nous autorise à le supposer. Ce chevreau ne fut tué qu'après la délivrance de Joseph. Ses frères devraient être dix.

Dans le haut, leur troupeau paissant au milieu de la campagne couverte d'une herbe abondante. C'est Dothain, à douze milles environ de Samarie, vers le nord.

Joseph était envoyé par son père. Aussitôt qu'ils l'aperçurent de loin, ils se dirent l'un à l'autre : Voici le songeur. Tuons-le et jetons-le dans cette vieille citerne, nous dirons qu'une bête sauvage l'a dévoré.

Ruben parvint à lui sauver la vie. La robe de Joseph, teinte de sang, fut portée par eux à Jacob, qui le crut mort et le pleura comme tel, jusqu'au jour où Joseph se fit reconnaître (*Gen. XXXVII, 12 et seqq.*).

Au bas du tableau, pièce rapportée représentant l'intérieur d'une église. Proviendrait-elle du Baptême de la Juive dans la verrière du Miracle de l'Hostie?

III

Joseph vendu par ses Frères.

La citerne est ouverte, la pierre circulaire qui sert à en fermer l'orifice posée à côté. Une poignée très-curieuse est scellée dans cette pierre.

Joseph a été retiré de la citerne et revêtu de ses habits. Il est près du bord, poussé par un de ses frères vers le marchand étranger qui lui prend la main. Joseph pleure, il porte sa main gauche à ses yeux, pour essuyer ses larmes. Le marchand a sur la tête un gros turban; au côté, un cimeterre que sa main gauche tire à moitié du fourreau.

Pendant ce temps, le second, monté sur un chameau, donne à l'un des frères de Joseph cinq pièces d'or, sa main gauche plonge encore dans une aumônière pour parfaire le prix convenu. Ce marchand porte une coiffure assez haute, autour de laquelle est roulé le turban. Il paraît être le maître, l'autre n'est évidemment qu'un serviteur.

Les frères de Joseph sont six au lieu de neuf; deux ont la houlette à la main. Un seul a la tête couverte; nous serions fort embarrassé de décrire sa coiffure, si on nous refusait la permission de l'appeler par son nom, un bonnet de coton. Un autre porte un coutelas attaché à la ceinture. — Plus haut, le troupeau dans la campagne et derrière le marchand, un rocher élevé et surplombant, couvert de verdure.

Les frères de Joseph étaient assis pour prendre leur repas, lorsqu'ils virent arriver les Ismaélites, rapportant de Galaad des parfums, de la résine et de la myrrhe, toutes choses qui servaient aux Égyptiens pour composer des médicaments (*Jerem. XLVI, 11*). C'est Juda qui donna le conseil de vendre Joseph; Ruben était absent. Les marchands achetèrent Joseph vingt sicles d'argent et le revendirent à Putiphar (*Gen. XXXVII, 26 et seqq.*).

IV

Joseph accusé par la Femme de Putiphar.

Le chaste Joseph s'enfuit, laissant son manteau entre les mains de l'épouse de Putiphar, qui le sollicitait au mal. Elle est à moitié couchée, la poitrine absolument nue, un collier d'or passé autour du cou. — Le lit est bas, protégé par des rideaux blancs, frangés de marron qui descendent d'un ciel circulaire imbriqué, à glands et double rang de festons.

A droite, Joseph attaché par une corde, sort de la maison de son maître avec un soldat pour aller à la prison. — La femme de Putiphar les regarde d'un air moqueur s'éloigner.

Furieuse de s'être vue méprisée d'un esclave, elle a protesté de sa fidélité parfaite devant son mari trop crédule, avec une preuve en sa main, le manteau de Joseph. Déjà, avant le retour de son époux, elle avait eu la malice d'appeler les gens de sa maison, et de leur faire constater le prétendu crime entrepris contre sa personne (*Gen. XXXIX, 7 et seqq.*).

Une simple colonne d'ordre ionique, en marbre comme tout le palais, sépare les deux scènes. Cette richesse s'explique : Putiphar était officier de la cour.

V

Joseph dans sa Prison.

La même prison de Putiphar reçut Joseph et les serviteurs de Pharaon. Joseph trouva grâce en face du gardien, qui l'avait constitué surveillant de tous les détenus (*Gen. XXXIX, 21 et seqq.*), et spécialement de ces derniers (*ibid. XL, 4*).

Aussi, tandis que Joseph est libre, ils ont tous deux des fers aux pieds. Une chaîne rivée à la pierre qui leur sert de siége, vient prendre un verrou passé dans les deux colliers qui enserrent leurs jambes nues. Le panetier a des sandales. — Joseph porte des molletières; il est revêtu d'un manteau jeté par-dessus le corps nu.

Le songe du grand échanson est déjà interprété, on le voit à la figure réjouie de celui-ci. — Le grand panetier, au contraire, ne paraît pas rassuré de l'explication donnée par Joseph.

Dans trois jours, anniversaire de la naissance de Pharaon, son ancien office sera remis au premier, tandis que le second sera suspendu au gibet, et son corps dévoré par les oiseaux.

Le grand échanson avait vu une vigne pousser trois sarments et se couvrir de fleurs et de raisins. Il en avait exprimé le jus, pour le présenter au roi dans la coupe qu'il portait. Le grand panetier avait sur sa tête trois corbeilles, remplies de pains et de gâteaux, que, dans la corbeille la plus élevée, les oiseaux du ciel venaient manger (*ibid. 5 et seqq.*).

Une colonne géminée sépare les deux songes. L'échanson est à gauche, dans un parvis semi-circulaire, exprimant le jus d'un raisin au-dessus d'une coupe.

A droite, le panetier s'apprête à monter un degré, avec une corbeille dévalisée par les oiseaux. Ils vont tous deux, chacun de leur côté, entrer dans le palais du roi. Leurs jambes et leurs pieds sont nus.

VI

Joseph devant Pharaon.

Il est amené par des soldats au pied du trône de Pharaon, et fléchissant le genou jusqu'à terre, il explique au roi ses deux songes.

Joseph n'est pas tondu, contrairement à ce que dit la Sainte Écriture. Les prisonniers laissaient croître leurs cheveux et leur barbe, en signe de deuil et d'humiliation. Plutarque raconte la même chose dans la vie de Milon. A leur délivrance, ils changeaient de vêtements et coupaient leurs cheveux et leur barbe pour témoigner leur joie. D'ailleurs, jeune encore, Joseph paraît toujours imberbe.

Le trône royal est élevé de deux gradins, sous un baldaquin carré, à rideaux verts ornés de glands. Les bras sculptés représentent une tête et une griffe de lion en or. — Pharaon y est assis sur un coussin. Sa coiffure est composée d'un bonnet blanc à houppe jaune, entouré du turban; la couronne est posée sur le turban. Son vêtement est en drap d'or à grands ramages, recouvert, sauf aux manches, d'un manteau rouge. Les jambes sont nues. De sa main gauche il tient le sceptre, l'autre est tendue avec bienveillance vers Joseph. Le visage de Pharaon exprime l'inquiétude.

A gauche, un personnage à capuchon vert écoute Joseph avec grand intérêt. — A droite, assis sur le gradin, un autre personnage, probablement un devin, de ceux qui n'avaient pu interpréter les songes du roi, regarde attentivement le nouveau sage, tandis que sa main se crispe sur une baguette de magicien. — A ses pieds, un chien couché, et derrière le trône, un garde armé d'une pique.

Le soldat qui amène Joseph est revêtu de la cuirasse et porte un casque à plumet. Un autre, à côté, a le casque sans plumet et l'épée. Il tient sur son épaule un bouclier au bord perlé.

Le roi croyait être près d'un fleuve. Sept vaches grasses en sortirent pour pâturer au loin, dans les lieux inondés; puis sept autres vaches, maigres et décharnées, qui restèrent sur les bords du fleuve et finirent par dévorer les premières, sans cesser d'être aussi maigres et affreuses qu'auparavant.

S'étant endormi une seconde fois, il vit encore sept épis pleins, sur une seule tige, puis sept épis maigres et desséchés, qui absorbèrent les premiers.

Une ouverture du palais, divisée en deux par une colonne, laisse apercevoir dans la campagne les sept vaches grasses avec les sept épis pleins, les sept vaches maigres avec les sept épis vides.

C'était l'annonce de sept années de fertilité, précédant sept années de sécheresse, qui devaient tour à tour enrichir l'Égypte et la désoler par la famine, si le roi, éclairé par Joseph, n'avait pas pris des dispositions prévoyantes en s'aidant de ses conseils (*Gen. XLI*).

Il est bon de rappeler que la fertilité de cette contrée dépendait uniquement de l'inondation du Nil, car la pluie y était inconnue. Suivant le degré d'élévation du niveau des eaux, il faisait produire plus ou moins loin les récoltes. Pendant les années de sécheresse, les régions voisines du fleuve étaient seules dans l'abondance, mais elles ne pouvaient nourrir toute l'Égypte. D'après Pline (*Lib. V, c. 9*), elle souffre de la famine, lorsque les eaux s'élèvent à douze coudées; elle éprouve encore de la gêne à treize; quatorze lui apportent déjà la joie; quinze lui procurent la sécurité; à seize, ce sont de vraies délices.

L'impression vive que ces deux songes causèrent à Pharaon n'a donc rien qui puisse surprendre, car les troupeaux et les grains, l'agriculture et l'élevage constituent généralement les seules richesses d'un pays.

Les anciens attachaient beaucoup d'importance aux songes. Diogène se moquait agréablement de cette superstition : Ce que vous faites éveillés ne vous inquiète guère, disait-il, mais vous considérez attentivement ce que le sommeil vous a révélé dans vos songes.

Pharaon avait donc appelé, mais en vain, tous les interprètes et les sages de l'Égypte : aucun d'eux n'avait pu en trouver l'explication. Le grand échanson, se souvenant alors de Joseph, indiqua au roi ce qui lui était arrivé dans la prison. Il en était sorti depuis deux ans; Joseph y resta enfermé trois ans.

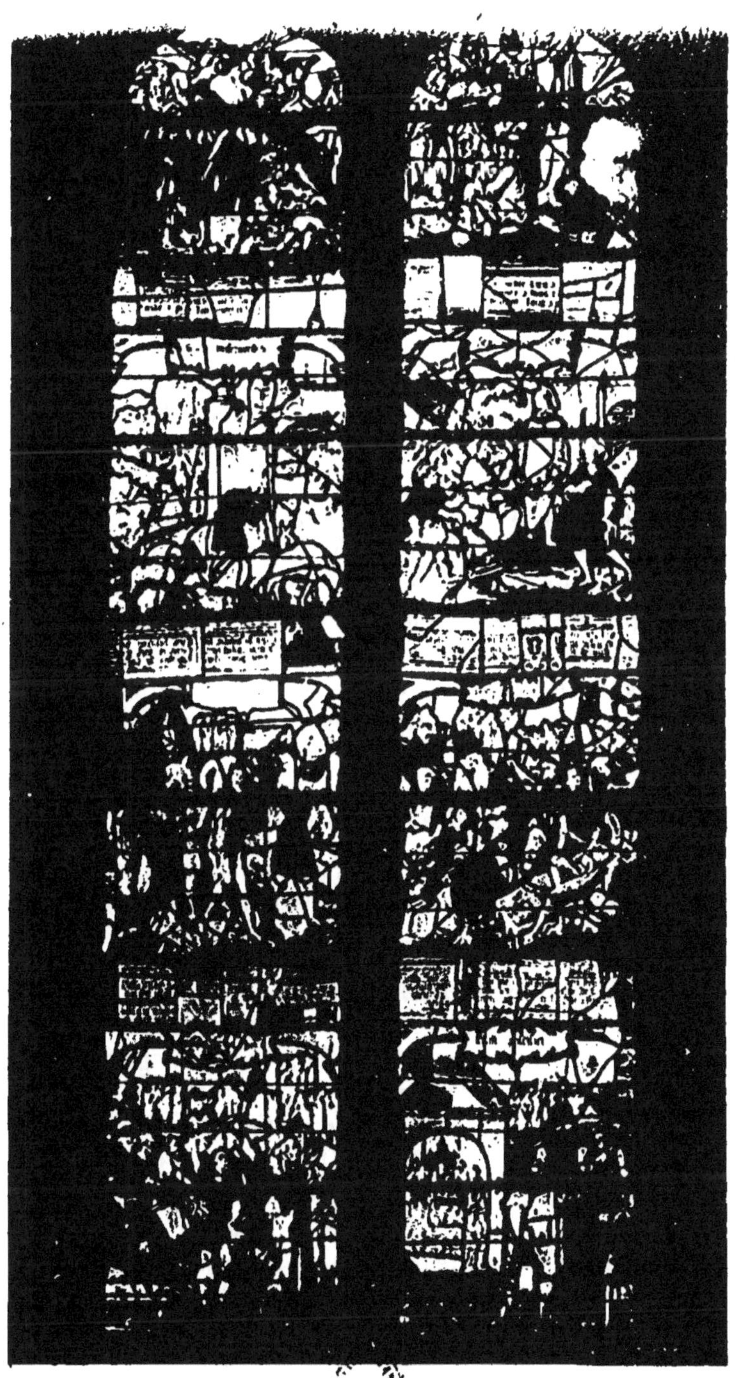

LES HUIT BÉATITUDES

Cette fenêtre renferme huit panneaux symétriques et d'égales dimensions, qui se lisent de gauche à droite, en commençant par le haut.

Les scènes sont désignées par l'inscription latine de la Béatitude, dans un cartel, dont la forme varie à chaque étage. Nous la reproduisons fidèlement en tête de la scène, en y ajoutant une traduction française.

Une large galerie, légèrement recourbée aux extrémités et reposant sur des consoles, renferme la légende explicative, souvent intervertie. C'est un quatrain en vers de dix syllabes; ce qui aide à les compléter au moyen de la rime ou plutôt de l'assonance. car la rime est loin d'être parfaite. Il faut en dire autant de l'orthographe et de la mesure. Certaines syllabes sont. comme dans la verrière précédente, élidées avec la même facilité que maintenues pour former hiatus. Les exemples en sont surtout fréquents au repos de l'hémistiche.

Nous faisons lire ce quatrain comme il est écrit : en deux lignes pour les tableaux du bas; en trois lignes pour les autres. et nous séparons chaque vers par un — pour le mieux distinguer.

Des fragments d'inscription épars, mais heureusement complets sont rapportés ici d'une autre fenêtre :

> La moistie de ceste vriere a este doñee & payee par feu =
> Anthoine Racine & didiere sa femme priez dieu p' eulx (1).

Le quadrilobe du sommet nous montre le Père Éternel coiffé d'une tiare, les deux mains étendues.

Dans le lobe central des arcatures, deux écussons :

Le premier, d'azur au chevron d'or, accompagné de trois croix tréflées d'argent. Ce blason pourrait être celui de la famille d'Autruy (*Roserot, Armorial du département de l'Aube, p. 25*). Cette famille était une des plus notables de Troyes.

Le second, d'or à la bande de gueules, chargée de trois alérions d'argent. Ce sont les armes de Lorraine, probablement de Louis de Lorraine, qui succéda en 1545 à

(1) Antoine Racine nous est complètement inconnu.

Odard Hennequin, sur le siége de Troyes, et fut connu plus tard sous le nom de cardinal de Guise (*Courtalon, Topographie, I, p. 405*).

Il existe des fragments d'une verrière identique dans l'église Saint-Nicolas de Troyes. Les mêmes personnages s'y retrouvent, avec des poses semblables et souvent les mêmes couleurs. Ces deux verrières ont été faites sur le même modèle et probablement par le même artiste.

Tels qu'ils sont, ces fragments nous offrent de précieuses indications à recueillir, tant pour rendre à la nôtre, plus complète, son intégrité primitive, que pour lui assigner une date approximative. Celle de 1534, qui se lit à Saint-Nicolas, à la pointe des première et troisième lancettes, ne saurait toutefois être nécessairement attribuée aux fragments des Béatitudes, mais plutôt à l'autre sujet.

Ils n'en restent pas moins pour nous un point d'appui et de comparaison, qu'on nous saurait mauvais gré de négliger.

I

Beati mites.

Bienheureux ceux qui sont doux.

Quatre anges volent dans le ciel, contemplant la scène du bas. — Là, trois anges armés de massues luttent pour défendre, contre trois démons, les hommes qui se tiennent en arrière : un religieux, un seigneur, un juge en robe rouge avec son sac de procès, un soldat, un marchand. — Un démon rouge a déjà violemment appliqué les deux griffes sur l'épaule du seigneur, qui joint les mains pour implorer secours.

A Saint-Nicolas, on voit neuf anges au ciel. Un premier groupe de quatre regarde le sujet principal ; un de ces anges porte une bannière, sur laquelle sont inscrits les mots *S. angeli*. Quatre autres regardent un bon ange qui poursuit de la massue deux démons précipités à terre.

Ces neuf anges représentent les neuf chœurs angéliques. Le même nombre se trouve répété dans tous les panneaux, pour représenter les chœurs des prophètes, patriarches, apôtres, etc. Pourquoi y a-t-il exception ici pour cette seule Béatitude? Pourquoi ne voit-on pas toujours la bannière?

Les modèles de douceur qu'on nous propose sont donc les anges. Mais, dira-t-on, les deux combats qu'ils livrent au ciel et sur la terre ne paraissent pas des signes d'une douceur à imiter.

« Une bataille terrible s'engagea dans le ciel : Michel et ses anges combattaient le dragon. Lui aussi se défendait en tête de ses anges, mais ils ne purent résister et leur place ne se trouva plus au ciel. Ce dragon puissant, l'antique serpent, nommé aussi le diable et Satan, parce qu'il séduit tout l'univers, fut précipité, tomba sur la terre et ses anges chassés avec lui. » (*Apoc. XII, 7 et seqq.*).

Dès lors s'établit une contradiction éternelle entre les anges restés fidèles et les anges déchus. Le démon n'a pas d'autre occupation sur la terre, que de tenter les hommes, d'exciter continuellement leurs passions, de semer la haine et d'allumer la guerre entre eux, de les pousser à la révolte contre Dieu.

Mais la Providence divine a député une partie des bons anges à la garde et à la défense des hommes. C'est donc pour nous protéger contre l'esprit malin et pervers qu'ils combattent. Et pendant que le démon éprouve les rigueurs de leur puissance surnaturelle, nous goûtons toute la douceur et la mansuétude, la tranquillité et la paix de leur bienfaisante intervention.

Fragments de légende :

Bien. *heureux. ceulx. qui. sôt. doux. et.* begnis (1). — et. qui. atous
Font. *un. visage. aimable.* — aucuns. des. sainct
Anges. *sur. les. malins. — baille. mercy.* et. nous. sont. raissoñable

L'inscription *Beati mites* a été, par suite d'une erreur de vitrier, intervertie avec celle du tableau suivant. A Saint-Nicolas, elle est à sa place naturelle, en tête du panneau que nous venons de décrire.

(1) Bons, bienveillants, bénins.

II

(Beati qui lugent).

Bienheureux ceux qui pleurent.

Saint Jean-Baptiste prêche la multitude. A ses pieds, un agneau symbolise l'Agneau de Dieu, dont Jean est le précurseur.

Il prêchait le baptême de la pénitence. Jérusalem, la Judée entière, toute la région avoisinant le Jourdain venaient à lui. La foule se faisait baptiser dans les eaux du Jourdain, en confessant ses péchés (*Matth. III, 5 et 6*).

Dans le haut, Jérémie, prophète des douleurs, exhale ses plaintes et ses gémissements, en face de Jérusalem désolée par la ruine, et du temple profané. La parole qui sort de sa bouche est celle-ci : *Multi gemitus mei* (*Thren. I, 22*).

Les Hébreux avaient coutume de célébrer la mort de leurs princes et de leurs grands hommes par des cantiques de douleur. Tels sont ceux de David sur Saül et Jonathas (*II Reg. I, 17 et seqq.*), sur Abner (*ibid. III, 33 et 34*), de Jérémie sur Josias (*II Par. XXX, 15*). Le peuple pleurait avec le prophète. et des chœurs de chanteurs et de chanteuses répétaient longtemps encore après l'événement ces cantiques inspirés (*ibid*).

Il est rare que les prophètes eux-mêmes prédisent la ruine d'une ville, d'une nation, sans y ajouter le cantique de deuil. On en trouve plusieurs exemples dans Isaïe, Jérémie et Ézéchiel.

Mais c'est surtout Jérémie qui a excellé dans ce genre. Ses Lamentations ont le style vif, tendre, pathétique, qui convient; on en citerait difficilement d'aussi belles et aussi propres à inspirer de la douleur.

On montre encore près de Jérusalem et du champ d'Haceldama, au sud de la ville, la grotte où Jérémie dictait à Baruch, sous l'inspiration du Saint-Esprit, ces Lamentations sur Jérusalem. qu'il apercevait devant lui dévastée par les Chaldéens.

Jérémie est assis à l'ombre d'un arbre, au milieu d'un jardin. Ses yeux sont fixés sur la Ville Sainte. Il a la tête couverte et son attitude est vraiment remplie de douleur.

A gauche, près de lui, apparaît le chœur des prophètes incomplet, au milieu des pièces rapportées.

Bien . heureux. *est*. qui. *ses. peches.* — *rachete* . par . *penitence*
Et . sallut*atrement*. — *gemict* . n...... ains . ansin . *que* . *les*
Prophete. — *alors* . *souffrant* . *peine* . *et* . aultre . poutran (1)

Jérémie est un des grands prophètes, mais pourquoi le même titre est-il attribué à saint Jean-Baptiste, qui n'est compté ni parmi les quatre grands prophètes, ni dans les douze petits?

Lorsque les envoyés des Juifs posent à Jean-Baptiste l'interrogation : Êtes-vous prophète? il répond lui-même négativement (*Joan. I, 21*). Le saint Précurseur se refuse, par humilité, un titre que Jésus lui accorde publiquement. Il l'appelle prophète et plus que prophète, parce qu'un autre, Malachie, a prédit de lui : J'envoie mon ange devant vous (*Matth. XI, 9 et 10. — Luc. VII, 26 et 27*). Les prophètes, dit saint Cyrille (*in Thesauro*), annonçaient le Messie futur, celui-ci l'a montré présent, en disant : Voici l'agneau de Dieu.

Déjà Zacharie, son père, rempli du Saint-Esprit et prophétisant lui-même (*Luc. I, 67*), avait dit dans son Cantique : Vous serez appelé le prophète du Seigneur, parce que vous irez devant lui préparer le chemin (*ibid. 76*).

Le Sauveur fait pressentir encore que Jean-Baptiste va clore la série des prophètes et des prophéties. « Les prophètes et la loi (c'est-à-dire pendant que la loi de Moïse était en vigueur) ont parlé jusqu'au temps de Jean, et si vous voulez l'écouter, il est bien l'Élie qui doit venir. (*Matth. XI, 13 et 14*).

III

(Beat)i misericordes.

Bienheureux ceux qui font miséricorde.

La légende nous indique clairement le sujet du tableau :

Bien. heureux. sont. qui. font. *misericorde*. — en. vers. lautrui
Tant. amis. que. ennemis. — les. *patriarches*. ont. vescu. en. tel
Sorte. — meschme. ioseph. dont. *lexenple*. est. si. mist

(1) Que ce soit archaïsme ou faute, la signification de ce mot nous échappe.

Joseph est descendu avec ses vêtements dans une citerne, dont l'orifice circulaire s'élève au-dessus de terre. Cinq de ses frères participent à ce crime, pendant que les trois autres vont à la rencontre de deux cavaliers.

Le récit biblique est légèrement modifié dans cette scène. On ne voit que huit frères de Joseph, au lieu de dix; Benjamin, né de la même mère que lui, Rachel, était alors dans sa première année. — Les marchands appelés Madianites et Ismaélites (*Gen. XXXVII, 28*) sont montés sur des chevaux; la Sainte Écriture parle de chameaux (*ibid. 25*). Les premiers servaient de montures, les seconds étaient employés comme bêtes de somme. — Le marché conclu avec ces étrangers, sur le conseil de Juda, eut lieu près de la citerne, tous les frères de Joseph présents, sauf Ruben (*ibid. 26 et seqq.*). Mais il ne faut pas juger avec trop de rigueur.

Joseph, élevé maintenant à la première dignité en Égypte par Pharaon, pourrait se venger de ses frères; il ne leur rendra point le mal pour le mal, car il a le cœur miséricordieux. Aussi paraît-il toujours avec le nimbe, signe de la béatitude.

Jacob, leur père, les a envoyés de la terre de Chanaan chercher des provisions pour échapper à la famine. Ils sont reconnus de suite par Joseph, mais ceux-ci ne peuvent soupçonner que le premier ministre de Pharaon soit leur frère.

Afin de les éprouver, il a feint de les considérer comme espions, s'est intéressé de tout ce qui les touche, les a comblés de faveurs et fait asseoir à sa table, sans toutefois manger avec eux, pour ne pas blesser l'orgueil des grands de la Cour. Les Égyptiens mangeaient aussi à part (*ibid. XLIII, 32*). De cette façon Joseph respectait leurs traditions religieuses. Elles ne permettaient pas de s'asseoir à la même table que des Hébreux, pasteurs, parce qu'ils se nourrissent de leurs troupeaux, brebis, veaux et bœufs, adorés comme dieux en Égypte.

C'est ainsi que plus tard, quand à la quatrième plaie, celle des mouches, Pharaon permettra à Moïse et Aaron de sacrifier au vrai Dieu en toute liberté, Moïse refusera de le faire en Égypte; demandant à s'éloigner dans le désert, jusqu'à une distance de trois jours de marche, parce que ce sacrifice serait une abomination sacrilége aux yeux du peuple, et que les Hébreux risqueraient d'être lapidés, pour avoir immolé ses idoles (*Exod. VIII*, 25 *et seqq.*).

Une pièce, rapportée avec beaucoup d'art (au premier examen, on ne s'en aperçoit nullement), remplace les têtes de deux frères de Joseph ; mais les siéges se voient au-dessous. Ils étaient assis (*Gen. XLIII*, 33) ; c'est plus tard que s'établit la coutume d'être couché pour le repas.

Dans ce même édicule, peut-être même pendant le repas, Joseph se fait reconnaître en disant : Je suis Joseph, votre frère. Mon père vit-il encore? D'après la Sainte Écriture, la reconnaissance eut lieu plus tard, à la suite d'une nouvelle épreuve, la plus terrible de toutes, retenir Benjamin captif.

Ces différentes scènes sont du genre grisaille ; la couleur bleue, rouge, violette pour les vêtements, et verte pour le paysage, n'apparaît que dans la scène principale, où, pendant ce temps, deux serviteurs chargent trois ânes de sacs remplis de blé. Une sorte de donjon, auquel on accède par trois degrés circulaires, représente les greniers royaux.

En haut, chœur des patriarches, le bâton de pasteur à la main.

Les figures de ce tableau sont très-expressives, le coup-d'œil harmonieux. C'est, avec le suivant, le plus remarquable de la verrière. Malheureusement, il est trop haut placé pour qu'on en puisse admirer toute la beauté.

IV

Beati ✠ pauperes ✠ spiritu.

Bienheureux ceux qui ont l'esprit de pauvreté.

Bien . heureux . sont . qui . de . vouloir . sôt . *pauure*.. — con- [tempnans
Biens . et : quelz . gist. vanite . — ansin . confaict . *les*. glorieulx
Appostre . — de . laissans . tout . pour . chois*ir* . *pauurete*.

Notre-Seigneur, debout sur les bords du lac de Tibériade, appelle ses apôtres. — Huit, les mains tendues vers Jésus ou appuyées sur le cœur, ont déjà quitté leur barque de pêcheurs amarrée au rivage. Scène magnifique d'expression, délicieuses figures.

Le neuvième est encore, à moitié nu, occupé à tirer le filet. Aussi n'est-il pas orné du nimbe, peut-être pour avoir douté. Est-ce saint Thomas, incrédule et hésitant, même après la résurrection ?

Matthieu le publicain a quitté son comptoir, pour répondre à l'appel de Jésus. Seul à gauche, il s'approche de lui, une main appuyée sur le cœur et retenant un bassin. De l'autre, indifféremment et sans regarder, il laisse la bourse à un agent du fisc. — Celui-ci, à peine levé de son siége, se jette avec avidité, dans une attitude presque comique, sur la bourse qu'il prend d'une main, pendant que l'autre tend encore un bassin.

Les publicains étaient ainsi nommés de ce qu'ils recueillaient les impôts publics. Dans la bouche des Juifs, ce nom était un terme de mépris, car la nation juive, se regardant comme peuple de Dieu, supportait difficilement la domination romaine. Payer le tribut à des Gentils ou idolâtres, leur paraissait surtout exorbitant et contraire à la dignité et à la liberté des enfants de Dieu.

Au milieu du bureau ou comptoir, une bourse avec des pièces d'argent; à chaque extrémité, un bassin. Dans la verrière de Saint-Nicolas, la bourse et les deux bassins du comptoir de Matthieu sont renversés; ce qui rend encore plus expressive la réponse de cet apôtre à l'appel de Jésus. Il consent, pour le suivre, à pratiquer la vie de renoncement, de pauvreté et d'abnégation volontaires. — Édifices et jardins représentant la ville de Capharnaüm.

Située sur la grande route de Damas à la Méditerranée, elle était le point de jonction de la Syrie, de la Phénicie et de la Palestine. Là, se croisaient les grandes routes qui mettaient cette contrée en communication avec l'étranger. Le lac de Tibériade était comme le centre naturel de toutes les importations et exportations commerciales, et Capharnaüm, par sa position à la pointe septentrionale du lac, était l'entrepôt de toutes les marchandises venues du pays et de l'étranger. On y payait, par conséquent, les droits d'entrée ou de transit. Là aussi, se chargeaient et déchargeaient les vaisseaux, et tout ce qui était apporté au marché devait payer un impôt. Matthieu, le futur apôtre, était un des employés de cette douane ou octroi.

Mais on cherche vainement la trace de Judas le prévaricateur, le seul dont le cœur ne soit pas véritablement détaché des biens terrestres, quoiqu'il ait été appelé et ait suivi Notre-Seigneur. C'est ainsi que nous voyons Ruben privé de son droit d'aînesse, et quelques personnes rayées de la généalogie du Christ, pour leurs fautes.

En haut, deux personnages se dirigent vers Capharnaüm, peut-être saint Paul et saint Matthias, qui complèteront plus tard le collége apostolique.

Le chœur des apôtres a disparu, à l'exception de celui qui marchait en tête, portant une bannière sur laquelle on lit *S. apostali.*

On aperçoit aussi un navire, figurant l'Église dirigée par les apôtres, devenus pêcheurs d'hommes. Il est à moitié coupé par une pièce rapportée. Celle-ci nous montre un chapelet tenu entre deux mains jointes ; le fond représente un pavé à carreaux de deux couleurs alternées. Ce qui évoque le souvenir d'un donateur en prière.

V

✠ Beati . qui . persecutionē . patiuntur ✠ ✠ propter . iusticiem ✠

Bienheureux ceux qui souffrent persécution pour la justice.

Ce tableau tout entier a été interverti avec le sixième ; les fragments de légendes sont restés seuls en leur place.

Il nous représente plusieurs scènes de martyres, en particulier ceux de saint Étienne (26 décembre) et de saint Laurent (10 août).

Le premier est à genoux, revêtu des habits de diacre, priant pour les bourreaux qui le lapident, ayant à ses côtés le livre des Saints Évangiles. Ses yeux sont levés vers le ciel, pour contempler la gloire de Dieu et Jésus assis à la droite de son Père (*Act. VII, 55*). Il porte la large tonsure monacale ; sa dalmatique est ornée d'un riche orfroi à double rang de perles. — Deux Pharisiens assistent au supplice de saint Étienne, le troisième a disparu. — Un des bourreaux prend, pour la jeter, une des pierres qui remplissent son vêtement ; l'autre les lance de ses deux mains.

Le second, au nimbe portant inscrit *S. laurens*, est étendu sur le gril. Il parle à ses bourreaux, armés de longs bâtons. Par son attitude, il semble leur dire : *Assatum est jam.* — Un des bourreaux, assis, active la flamme avec un soufflet. — Le supplice est présidé par un juge et deux assesseurs.

En haut, chœur de Martyrs, parmi lesquels on distingue facilement saint Sébastien (20 janvier), le corps nu, percé de flèches : saint Denis (9 octobre), portant dans ses mains sa tête mitrée, et saint Thomas de Cantorbéry (29 décembre), avec l'épée qui lui fend le crâne, et un livre en main.

En avant, un magistrat ordonne le supplice d'un martyr, qui, la meule au cou, est précipité par un bourreau, dans la mer, à l'aide d'un long bâton. — On voit un martyr élevé au-dessus de terre et transpercé de part en part avec un pal à deux fourches.

Ces détails ont disparu en partie et ont été rejetés sur la droite du tableau. D'autres ont péri totalement, mais nous les retrouvons à Saint-Nicolas. — Isaac portant le bois du sacrifice et devant lui, croyons-nous, Abraham. — Plusieurs moines décapités à coups de hache et d'épée.

Légende incomplète :

Bien . heureux . sont . ceulx . *qui . pour . verite* . — et loy . *de* . [*dieu*
Souffrent . peine . et . iustice . — *les . saincts.* martirs . ont . *ainsi*
Supporte . — pour . telle . *cause . aspre* . mort . et . sup*plice*

Ce tableau présente beaucoup d'animation ; personnages nombreux ; belles figures.

VI

(Beati . mundo . corde).

Bienheureux les cœurs purs.

La légende nous apprend le sujet représenté : c'est le martyre de sainte Agnès, dont la fête est le 21 janvier :

Bien. heureux. *est.* qui. vit. en. prouete. — *tant. de. desir*
Que. de. *faict. et. parolle.* — les. sainctes. *vierge. a. dieu. seul*
Ont. este. — *donc. saincte.* agnes. est. si. *le. doux. sinbolle* (1)

« En exposant les vierges chrétiennes, dit Tertullien (*Apologet. c. 50*), plutôt à une jeunesse corrompue qu'à la fureur des lions, vous avez reconnu que toute sorte de peine, tout genre de mort, serait plus tolérable à un chrétien, qu'une injure faite à sa vertu. » En effet, le trésor le plus précieux pour une vierge consacrée à Dieu, c'est la virginité. Souvent, mais en vain, les persécuteurs se sont tournés contre elle; car Jésus-Christ soutenait visiblement ses glorieuses épouses dans leurs rudes combats.

Condamnée à être exposée en un lieu de débauche, Agnès est dépouillée de ses vêtements: aussitôt ses cheveux croissent miraculeusement pour protéger son chaste corps. — Le nimbe de la vierge est rayonnant.

Déjà deux gardes l'emmènent. — Près du siége du préfet, un soldat avec l'arbalète à rouet et le bouclier. — A droite, le héraut annonce à son de trompe qu'Agnès va être livrée, par ordre du préfet, aux insultes des libertins.

Le trône du préfet est posé sur un gradin orné de deux masques d'argent, avec anneau d'or passé dans leurs dents. Au-dessus, une draperie rouge. Le fronton incomplet est rapporté d'ailleurs. — Le bouclier du soldat est relevé en bosse au milieu, avec côtes rayonnantes, un fleuron et une pointe d'argent au centre. — L'un des gardes porte un casque à plumes, décoré d'une petite figure ou masque; ses jambes sont protégées par des molletières en forme de bouclier. L'autre est tête nue; il a un pourpoint serré, le haut-de-chausses et le bas à bord supérieur bouffant et découpé, laissant voir l'articulation du genou. — Le héraut est revêtu du même costume, avec une sorte de sac pendu à la ceinture, qui renfermait sans doute les décrets préfectoraux à publier.

A côté, un homme gît inanimé; c'est Procope, le fils de Symphronius, préfet de Rome. Recherchant Agnès en mariage, et furieux de ses refus réitérés, il l'a dénoncée à son père comme chrétienne. Il est venu ensuite dans ce lieu

(1) Prouete se lit proveté et signifie probité, pureté. L'auteur de la légende emploie un français aussi déplorable que son latin; écrit *donc* pour dont, comme il écrivait tout à l'heure *apostali*.

infâme, où tous ont respecté la glorieuse épouse du Christ, et sa témérité a été punie de mort. — Près de lui, son père est debout dans l'attitude du désespoir.

Dans la verrière de Saint-Nicolas, l'histoire de sainte Agnès occupe deux panneaux. Le premier nous montre le préfet prononçant la sentence, le soldat, la sainte et les gardes. Le préfet est coiffé du turban; il a un camail herminé, le sceptre d'or. Il porte une longue barbe blanche et se drape magistralement dans un manteau en drap d'or ramagé. — Le second panneau représente le héraut sonnant de la trompe, dans laquelle il souffle à pleins poumons; la scène du lupanar, éclairé d'une petite fenêtre carrée et grillée; le jeune homme tombé à la renverse et le désespoir du père.

Arrivée au lieu d'ignominie, Agnès s'agenouilla et se mit en prière. Aussitôt un ange descendit du ciel pour la protéger. L'éclatante lumière qui les entourait tous deux empêchait d'approcher. Au-dessous on lit : *S. Agnes*. La maison de débauche y est désignée : *Le bourdeau*.

Cette scène n'a jamais existé à Lhuître, le peu de place dont on disposait en exigeant la suppression.

Il y a eu divers remaniements malheureux qui ont fait disparaître le préfet. La tête casquée du soldat à l'arbalète est en arrière des rideaux du trône. Plus haut, à droite, on voit une jambe ornée d'une belle molletière, qui doit aussi lui appartenir. Le héraut a disparu à moitié. On aperçoit les contours sinueux de la trompe au travers d'un cintre renversé, celui de la porte, au seuil de laquelle Procope est privé de vie.

Malgré tous les remaniements qu'il a soufferts, ce tableau reste remarquable d'exécution.

Au-dessus, chœur de vierges portant la palme. Deux d'entre elles ont un livre ouvert et semblent chanter des cantiques. A Saint-Nicolas, il y a aussi la bannière avec les mots : *S. virgines*.

Sainte Agnès ressuscita Procope et le convertit. Elle souffrit victorieusement plusieurs tourments et eut enfin la tête tranchée par le glaive, non plus sur l'ordre de Symphronius, mais d'Aspasius son lieutenant. C'était en l'an 304, sous l'empire de Dioclétien, pendant la dixième et dernière persécution.

VII

Beati qui esuriunt et sitiunt justitiam.

Bienheureux ceux qui ont faim et soif de la justice.

Ce panneau retrace deux épisodes de la vie de saint Nicolas.

Le préfet Eustache, trompé par de faux rapports, avait condamné trois innocents. Les victimes étaient déjà arrivées au lieu du supplice, quand saint Nicolas accourt et les délivre. Il était accompagné de trois magistrats ou officiers, envoyés par l'empereur Constantin.

Dans la scène secondaire du haut, en grisaille, deux condamnés sont assis, les mains liées, près d'un groupe de personnages, dont quelques-uns à cheval. — Le troisième est déjà hissé sur la potence par un bourreau, à l'aide d'une échelle. Le saint évêque avec sa croix est suivi des trois officiers, Népotien, Ursus et Herpilio.

Accusés eux-mêmes de trahison, ils furent aussi à leur tour condamnés à mort. Ils étaient à Constantinople, loin du saint évêque de Myre, mais confiants en sa protection et n'ayant plus d'espoir qu'en lui, ils implorent son secours dans une fervente prière. Le lendemain, au moment du supplice, il vient les délivrer pareillement.

C'est la scène du bas. Le juge est à son siége, assisté de deux magistrats. Il paraît terrifié à la vue de saint Nicolas qui s'avance avec la croix, vêtu de l'aube, de la chape rouge, coiffé de la mitre, et vient arrêter le glaive de sa propre main. Il est suivi d'un serviteur. — Les trois officiers sont à genoux, les yeux bandés, les mains jointes; ils attendent le moment de la mort.

Le siége du juge est élevé sur un gradin à festons, chimères et masques. Il a un manteau rouge jeté par-dessus sa cuirasse. — Le bourreau porte aussi la cuirasse; sa main droite lève le glaive. — La tête d'un officier a disparu, mais on aperçoit encore ses mains jointes et sa robe blanche.

Ce trait de la vie du saint a été souvent reproduit au Moyen-Age, dans les sculptures et peintures de nos cathédrales. Ils sont ordinairement représentés aux pieds de leur libérateur, sous la forme de trois enfants nus, emblèmes des âmes délivrées.

Du moins, ici, et c'est très-heureux, on a conservé à la scène toute sa vérité historique.

Au-dessus, à gauche, groupe de saints confesseurs : évêques, avec la croix et la mitre ; religieux ; chanoines de basilique, avec l'aumusse rouge sur le bras, et chanoines ordinaires à aumusse grise de fourrure ; prêtres en surplis à larges manches. Un livre en la main d'un évêque et d'un moine.

Fragments de légende :

Bien. heureux. so*nt*. c*eu*lx. qui. sont. zelat*eur*. — deexciter. vraye. [Iustice. *et*. *s*oulas.

Ansin. cõ. faic*t*... eglure. sainct. pasteur. — coñant. lexenple. du. [*bon*. *S*. *nicolas*

VIII

✠ Beati ✠ pacifici ✠

Bienheureux les pacifiques.

Bien . heureu*x* . *sont* . gens . de . pais . amateur . — et . qui . soc- [cüppe . *a* . *remettre* . *lacor*

Ainsin . que . ont . *fai*ct . les . benoitz . cõfesseurs . — mesme . S. iue'. [*et* . *gens* . *de* . *loy* . *encor*

Saint Yves (19 mai) écoute le différend de deux personnages. Il est en robe rouge et coiffé du bonnet carré de juge avec le nimbe. — Le riche a l'air arrogant, la tête couverte d'une sorte de toque à brillant. Sa main droite tient par ses longs cordons noirs, le sac qui renferme ses titres. Une petite inscription en indique la destination : *Le sac des proces*. De l'autre main, il explique sa cause. — Le paysan, vêtu d'une simple jaquette, les jambes nues, porte respectueusement la main à sa coiffure. Il ose à peine faire entendre d'humbles doléances et n'a point de pièces à produire. Mais à défaut, son visage est parfaitement honnête et sincère, la bonté de sa cause s'y lit. Aussi saint Yves, dont les traits ne respirent que mansuétude et bienveillance, lui tend déjà la main pour montrer qu'il a gagné son procès.

A côté, scène curieuse de procès civil. Dans un petit édicule au toit de tuiles rouges (le reste est en grisaille), avec inscription au fronton : *Lauditoire*, un président et quatre juges en bonnet carré sont à discuter. L'un tient un sac de procès ; un autre des rouleaux de papiers. — Un avocat, saint Yves, tenant d'une main son bonnet carré, de l'autre, le sac des procès, plaide la cause. Il ne porte plus le nimbe. — Deux greffiers se montrent l'un à l'autre les articles de la loi ; deux huissiers avec leurs insignes. — Au bas de la tribune, un chien sommeille tranquillement.

Saint Yves était official, c'est-à-dire juge ecclésiastique. En ce temps, les officiaux connaissaient d'un grand nombre de causes, presque toutes, sauf celles purement criminelles. L'autorité civile les leur a peu à peu retirées. La tradition veut que le saint ait plaidé, même devant les tribunaux laïques. Suivant Fournel, dans son *Histoire des Avocats* : « Yves de Kermartin suivit pendant quelque temps le barreau de Paris. Il y parut avec éclat sous le règne de Philippe-le-Hardi, s'y faisant remarquer par son savoir et son zèle ardent pour la justice, par la régularité de ses mœurs et par sa sincère piété. »

L'intégrité inviolable avec laquelle il exerçait ses fonctions, l'a fait regarder comme le patron des avocats. Aussi, la malignité populaire n'a-t-elle pas manqué l'occasion d'en faire un contraste méchant avec la partialité plus ou moins prouvée des hommes de loi.

On nous permettra de citer ces vers latins si connus :

Sanctus Yvo erat Brito,
Advocatus et non latro,
Res miranda populo.

avec leur traduction française, non moins jolie :

Saint Yves était Breton,
Avocat et non larron,
Grande merveille! dit-on.

Personne, assurément, ne prit jamais au sérieux cette innocente boutade, excepté peut-être un écrivain du XVIIe siècle, Jean Robert. Il composa un gros livre, afin d'apprendre au public que l'on compte au moins cinquante avocats canonisés, et encore la liste était-elle bien complète?

En haut groupe de saints magistrats. L'un d'eux porte une bannière sur laquelle se lisent les mots : *S. cōfessores.*

Ordre et Symbolisme de la Verrière.

De prime abord, il semblerait que les tableaux ont été jetés au hasard, ou qu'une main inintelligente les a transposés, dans la suite des temps, sans aucune apparence d'ordre.

On peut certes regretter que l'énumération de la Sainte Écriture n'ait pas été suivie fidèlement ; de hautes raisons de convenance militent en sa faveur. Cependant il règne ici un ordre parfait, sinon dans les Béatitudes que le peintre paraît avoir reléguées à l'arrière-plan, du moins dans la représentation des différentes catégories de saints, qui ont conquis le ciel en les pratiquant.

De sorte que nous sommes en présence plutôt d'un tableau de la Toussaint, que des Béatitudes, rappelées chaque année aux fidèles, dans l'évangile de ce jour ;

I. Les Anges.	II. Les Prophètes.
III. Les Patriarches.	IV. Les Apôtres.
V. Les Martyrs.	VI. Les Vierges.
VII. Les Confesseurs ecclésiastiques.	VIII. Les Confesseurs laïques.

Voici, d'autre part, l'énoncé des Béatitudes (*Matth. V, 1-10*). « Jésus, voyant la multitude, se rendit en haut de la montagne (le Thabor ou une autre, mais non le mont des Oliviers, au sentiment de saint Jérôme). Quand il se fut assis, les disciples s'approchèrent de lui. Alors prenant la parole, il leur donnait ces enseignements :

I. Bienheureux ceux qui ont l'esprit de pauvreté — parce que le royaume des cieux leur appartient.

II. Bienheureux ceux qui sont doux — parce qu'ils seront maîtres de la terre.

III. Bienheureux ceux qui pleurent — car ils recevront consolation.

IV. Bienheureux ceux qui ont faim et soif de la justice — car ils seront rassasiés.

V. Bienheureux les miséricordieux — car miséricorde leur sera faite.

VI. Bienheureux les cœurs purs — car ils verront Dieu.

VII. Bienheureux les pacifiques — parce qu'ils seront appelés enfants de Dieu.

VIII. Bienheureux ceux qui souffrent persécution pour la justice — parce que le royaume des cieux est à eux. »

Voici les Béatitudes revenues à leur point de départ; la même récompense est accordée au martyre et à la pauvreté volontaire. Renoncer à tout, c'est un martyre de tous les jours; se détacher de son propre corps pour l'amour de Dieu, c'est la perfection du renoncement.

Remarquons la parfaite antithèse qui règne du commencement à la fin. L'emploi n'en est pas rare dans les Livres Saints. D'ailleurs, si on est puni par où l'on a péché, il est juste aussi de recevoir une récompense qui soit en proportion exacte avec le sacrifice accompli.

Cette récompense promise reste toujours la même dans son essence, c'est le ciel. Mais le Sauveur lui donne divers noms, d'abord pour maintenir la forme antithétique, et ensuite nous indiquer plus précisément le genre spécial de récompense que chaque vertu recevra dans l'éternité. C'est ainsi qu'à la pauvreté est promise la richesse; à la douceur, l'empire de la terre attirée et subjuguée nécessairement par de bons procédés; à la tristesse, la consolation; à la faim et à la soif de la justice, la satiété; à la miséricorde, la miséricorde; à la pureté, la vision béatifique; à l'amour de la paix, le titre d'enfants du Dieu de paix; enfin, au sacrifice de la vie, le royaume du ciel bien mérité.

Les Béatitudes sont des vertus recommandées spécialement par le Christ, comme conseil évangélique, à ceux qui veulent tendre à la perfection, et enrichies des promesses célestes.

Mais elles paraissent au monde huit paradoxes. Recherchant un bonheur terrestre, il ne pouvait le placer dans la pauvreté, l'humilité, les pleurs, l'esprit de justice, de miséricorde, de pureté, de paix et de souffrance. Le monde aime au contraire la richesse, la domination, la joie; il est volontiers injuste et sans pitié, il recherche les plaisirs, sème la discorde, hait la douleur.

Bienheureux, répète Notre-Seigneur, mais d'un bonheur spirituel; en espérance, dans l'attente de la réalité; d'un commencement de bonheur, par la pratique de la vertu, et non encore dans le couronnement de la gloire.

L'application d'une Béatitude à tels ou tels saints ne doit pas nous amener à conclure qu'ils ont négligé les autres. Elles sont toutes si exactement reliées entre elles, que la pratique d'une seule n'ouvrirait pas le ciel. *Et hæc oportuit facere et illa non omittere.* On leur attribue seulement la vertu en laquelle ils ont excellé, dont ils sont regardés comme les maîtres et les modèles.

I. Les Anges (*Beati mites*). Ils prient pour nous, offrent à Dieu nos bonnes actions et nos prières, nous défendent contre le démon et nous protègent dans les dangers. — *Quoniam ipsi possidebunt terram.* Les anges règnent au ciel, vraie terre des vivants (*Ps. XXVI, 13 — CXLI, 6*).

II. Les Prophètes (*Beati qui lugent*). Dieu les a suscités dans le cours des temps, pour annoncer les vérités du salut, la nécessité de faire pénitence. Que n'ont-ils pas souffert des tristesses de leur nation, de l'exil, de la persécution? Isaïe scié; Jérémie témoin de la ruine de Jérusalem; Ézéchiel exilé; Daniel précipité dans la fosse aux lions; saint Jean-Baptiste décapité. — *Quoniam ipsi consolabuntur.* Dieu les soutenait et leur inspirait ce qu'ils avaient à dire.

III. Les Patriarches (*Beati misericordes*). Parmi eux, Joseph brille d'un éclat particulier, parce qu'il a pardonné généreusement à des frères ingrats, qui, près de la citerne, fermaient l'oreille à l'angoisse de son âme et à sa prière. — *Quoniam ipsi misericordiam consequentur.* Aussi Joseph est traité partout avec miséricorde, chez Putiphar, dans sa prison, ensuite à la cour de Pharaon et enfin par Jacob, qui lui réserva une part spéciale (*Gen. XLVIII, 22*).

IV. Les Apôtres (*Beati pauperes spiritu*). Jésus les appelle, et rien de plus charmant que la simplicité même du récit évangélique, ils quittent immédiatement toutes choses et le suivent. Aussi, plus tard, le prince des apôtres pourra dire au boiteux, pauvre non pas volontaire, mais par nécessité : Je ne possède ni or, ni argent (*Act. III, 6*). Saint Paul certifiera de même, à la face des fidèles, que ses mains ont gagné, par le travail, ce qui était nécessaire à son entretien et à celui de ses compagnons d'apostolat (*ibid. XX, 34*). — *Quoniam ipsorum est regnum cœlorum.* Nous avons tout quitté, dit saint Pierre, pour vous suivre. Quelle sera notre récompense? Pour vous qui m'avez suivi, répond Jésus, en vérité, je vous affirme qu'à la résurrection, quand le Fils de l'homme sera assis sur son trône de gloire, vous prendrez place aussi sur douze trônes, et jugerez les douze tribus d'Israël. Et quiconque délaissera pour mon nom, sa maison, ses frères, ses sœurs, son père, sa mère, sa femme ou ses enfants, recevra le centuple et possédera la vie éternelle (*Matth. XIX, 27 et seqq.*).

V. Les Martyrs (*Beati qui persecutionem patiuntur propter justitiam*). Ils sont les témoins du Christ et leurs souffrances sont reconnues comme le baptême du sang. — *Quoniam ipsorum est regnum cœlorum.* Le royaume des cieux exige violence et ce sont les intrépides qui le méritent (*Matth. XI, 12.*) *Fortia agere, Romanum est : fortia pati, christianum.*

VI. Les Vierges (*Beati mundo corde*). On ne peut douter de la sainteté du mariage, qui a Dieu pour auteur. Il est, dans l'ordre de la Providence et de la nature, l'état du plus grand nombre des chrétiens. Mais la virginité est un des principaux fruits de l'Incarnation. Cette vertu fait de l'homme mortel un ange, en éloignant de son cœur et de son esprit toutes les pensées et les affections terrestres. Par elle, plus que par aucune autre vertu, l'homme approche tout près du cœur de Dieu. Voilà pourquoi les vierges sans tache sont appelées à la suite de l'Agneau pour l'accompagner toujours (*Apoc. XIV, 4*). *Quoniam ipsi Deum videbunt.*

VII. Les Confesseurs ecclésiastiques (*Beati qui esuriunt et sitiunt justitiam*). Médiateurs entre Dieu et les hommes par la prière, ils le sont aussi entre les peuples et les rois, pour élever la voix devant les puissants du monde, réclamer la justice dans la loi, défendre la cause du faible et de l'opprimé. — *Quoniam ipsi saturabuntur.* Ils nourrissent leur âme, au milieu des iniquités dont ils sont témoins et victimes, de la certitude que la justice divine rétablira enfin toutes choses dans l'ordre.

VIII. Les Confesseurs laïques (*Beati pacifici*). Ce n'est

pas au sacerdoce seul que Dieu a confié la mission de maintenir la paix au sein de la société et de la famille, car tous les chrétiens, enfants du Dieu de paix, ont reçu le commandement de s'intéresser au prochain. — *Quoniam filii Dei vocabuntur.*

Ajoutons pour l'encouragement des chrétiens timides et pusillanimes, que s'ils n'osent pas entrer résolument dans la voie des conseils évangéliques, il leur sera néanmoins toujours possible et facile de faire de nécessité vertu. Qu'ils acceptent donc, sans se plaindre, pour Dieu et comme pénitence de leurs fautes, la pauvreté, les contradictions, les épreuves; qu'ils entretiennent leur cœur dans les sentiments de justice, de compassion; qu'ils vivent dans l'esprit de pureté, dans l'amour de la paix et le pardon des offenses.

Il semble qu'il existe pour eux une neuvième Béatitude. On y rencontre, sous la même forme antithétique, la même récompense; et si le mot *bienheureux* n'est pas prononcé, c'est peut-être parce que dans le principe il n'y a rien de volontaire. Mais quelle invitation irrésistible! « *Venez tous à moi, qui pliez sous le poids du travail et de la peine — et je vous referai.* N'hésitez donc pas à prendre sur vous mon joug. Imitez de moi la douceur et l'humilité du cœur. Vos âmes jouiront ainsi de la paix, car mon joug est doux et mon fardeau bien léger. » (*Matth. XI,28 et seqq.*).

LE MIRACLE DE L'HOSTIE

Cette verrière se lit de gauche à droite, en commençant par le bas.

Elle nous donne de précieuses indications sur le vêtement et l'ameublement de cette époque. On y voit que les juifs avaient un costume à part; la coiffure du juif et celle de sa femme sont à remarquer.

Chacun des huit panneaux est couronné d'une galerie droite, à fond jaune avec nuances rouges parfois, recourbée légèrement aux deux extrémités, pour reposer sur une console aux feuillages d'or. C'est l'unique séparation des scènes, car on ne lit aucune inscription. Les motifs qui la décorent sont de deux sortes, des cornes d'abondance sortant de la bouche de masques chevelus et barbus, ou bien des festons.

Les lancettes se terminent par un dôme, dont le sommet se perd dans l'arcature. Appuyé sur deux pilastres, il laisse voir le bleu du ciel, coupé par une sorte de chaire, dans laquelle est installé un personnage, coiffé d'un chapeau à bords relevés par derrière et allongé en pointe à l'avant. Son vêtement est à large collet de fourrure. A le voir tourné vers la gauche, promenant ses regards au-dessous de lui, et gesticulant, il semble prononcer un discours.

Le sujet du quadrilobe a disparu. Ce devait être l'Hostie elle-même, car un ange aux ailes déployées apporte du ciel un calice, comme pour la recevoir. — Le tableau ou draperie servant de fond au motif central est soutenu des deux mains, à gauche, par un ange; celui de droite a disparu. — Dans l'écoinçon de dessous, une sorte d'étoile à rayons flamboyants.

I

Le Marché sacrilége.

Un juif, nommé Jonathas, fait promettre à une pauvre femme « n'aïant moïen de le païer » de lui apporter l'Hostie qu'elle recevra à la communion du jour de « Pasques ».

Il lui rend pour cela à la fois et ses habits remis en gage, et les trente « solz parisis » qu'il lui avait prêtés.

Le comptoir est à droite, élevé d'un degré au-dessus du pavé à carreaux blancs et jaunes; des pièces d'or et d'argent étalées au milieu; la robe jetée à une extrémité.

Le juif porte un long vêtement, à large col, échancré aux épaules, et laissant voir les manches de l'habit jaune de dessous, garnies d'amples parements. Sa coiffure consiste en une sorte de bonnet, autour duquel est roulée en turban une étoffe blanche. — Il est à son comptoir, retenant de sa main gauche la robe engagée, et essayant, en homme prudent, de faire entendre à la pauvre femme les conditions du marché.

Mais elle semble n'y point trop prêter attention, occupée à écouter les remontrances de la juive. Cependant elle reçoit sans apparence de remords les cinq pièces d'argent et les deux pièces d'or, qui tombent de la main droite du prêteur dans la sienne. — Elle a pour coiffure une bande d'étoffe noire, carrée et raide, qui couvre la tête et descend sur le cou; le côté se rabat sur la joue. Le reste de son costume paraît simple : un corsage, une longue robe, un tablier ceignant la taille.

La femme du juif porte une coiffure ronde à coiffe renflée et striée de jaune; un manteau retenu au cou par un bouton doré, aux côtés libres, aux manches coupées à la hauteur des coudes; une longue robe par-dessous. — On voit à sa figure et au geste de sa main gauche qu'elle est loin d'approuver ce honteux trafic. Sa droite s'étend vers l'argent du comptoir, pour le saisir.

Le ciel du lit est carré, garni de pentes blanches et de franges d'or, attaché à la paroi par un fond d'étoffe blanche damassée. Près de là, l'enfant du juif s'entretient avec un jeune homme du secret qu'il a entendu. — Cet ami venait lui proposer un amusement, une partie de paume, dont il tient les boules dans un pli de son vêtement. — Ils sont tête nue et revêtus d'un manteau court, échancré aux hanches, à col jaune. Le petit juif a les jambes nues, l'autre les a recouvertes d'un bas montant au genou.

Le plafond de la chambre est à solives apparentes et cloisonnées; la muraille nue et sans fenêtre. L'ameublement comporte, à gauche, le lit; ensuite la cheminée à avancement reposant sur deux pilastres, avec bases et chapiteaux ornés. La plaque est en forme d'écusson renversé; il semble qu'on n'y ait jamais allumé de feu. La porte jaune est à droite, fermée derrière le juif.

Cet ameublement reparaît avec des variantes ou une disposition différente dans les autres panneaux. Nous le signalerons à chaque fois, de même que les différences de costume.

Tous ces petits changements de décor, ces variations de détail, ne sont pas l'effet d'un manque de goût. Ils ont été voulus et recherchés pour intéresser, en enlevant l'uniformité et la monotonie de scènes nécessairement ressemblantes.

II

La Communion.

Dans l'église Saint-Médéric, aujourd'hui Saint-Merri, à Paris, un prêtre donne la sainte communion aux fidèles, quatre hommes ou jeunes gens et deux femmes, agenouillés sur le pavé de carreaux blancs et jaunes, près de l'autel; trois autres sont debout.

C'était le jour de Pâques, 2 avril de l'an 1290.

L'autel mérite description. Il est posé sans degrés sur le pavé, couvert d'une nappe retombante et garni d'un devant à franges dorées. La même frange se voit à la nappe, en avant de la table. Deux chandeliers sont placés sur l'autel. Le retable est carré, relevé en cintre au milieu; il montre l'image du Christ en croix, avec la Sainte Vierge et saint Jean.

Le prêtre, revêtu du surplis et de l'étole, tient à la main un ciboire ayant plutôt l'apparence d'un calice. Il a déjà distribué la sainte communion à un jeune homme, puis à la femme, qui, suivant la promesse faite au juif, glisse sans remords dans sa manche l'Hostie consacrée. — Le bon prêtre paraît triste. Soupçonne-t-il quelque chose? A-t-il au moins remarqué un geste louche, inexplicable de sa paroissienne égarée par la misère?

Un jeune homme reçoit en ce moment la sainte Eucharistie; c'est le témoin du marché sacrilége. Il est évident qu'il suit et surveille cette pauvre pécheresse; nous le trouverons encore deux fois chez le juif, où il a ses entrées libres, en qualité d'ami de son fils. Son visage est empreint de tristesse comme celui du prêtre.

Les deux femmes ont aux manches de larges parements plissés. — Les hommes portent un manteau à collet, dont les manches sont coupées aux coudes, sur moitié de la largeur, et laissent apercevoir la robe de dessous. Deux d'entre eux ont les mains jointes et retiennent ainsi leur coiffure en avant de la poitrine; un autre les a dissimulées derrière sa coiffure.

L'église ne présente aucun ornement, sur les murailles nues, que trois fûts de colonnes légèrement marbrées et deux fenêtres à un seul meneau et à carreaux blancs losangés. On aperçoit à droite le cintre de la porte entrouverte.

III

La Remise de l'Hostie.

Toujours revêtue des habits de fête qu'il lui a rendus, la femme est de nouveau dans la maison du juif. — Elle lui remet l'Hostie sur un petit plat ou bassin. — Ils paraissent heureux tous deux, on devine un remerciement perfide du juif. — La juive considère avec attendrissement la divine Hostie. — Au milieu d'eux, l'enfant a la figure attristée, chose facile à comprendre, sa petitesse ne lui permet de rien voir. Sa mère appuie la main droite sur la tête de l'enfant.

Plus loin, près de la cheminée, ayant peur d'être vu, se tient le jeune ami du petit juif, prêt à s'enfuir s'il était découvert.

L'arrangement de la pièce est un peu modifié. Le lit a pris la place de la cheminée; il est garni d'un épais oreiller; le rideau replié en dedans à une grande hauteur, pend à un coin du baldaquin. — La cheminée n'offre plus de feuillages aux pilastres; une longue crémaillère noire y est suspendue. — A droite, le comptoir près de la porte fermée.

Le bonnet du juif est jaune, les côtés descendants noirs; le turban a été tortillé avant d'être roulé.

IV

La Profanation de l'Hostie.

Jonathas est maintenant à son comptoir ; avec un canif à manche jaune, il a déjà « picqué » deux fois la sainte Hostie, et deux fois le sang a paru. Il pique une troisième fois et la gouttelette sanglante perle toujours. Le forcené a la bouche entr'ouverte, ses longues dents témoignent de la rage dont il a le cœur plein. Le turban est encore tortillé, le bonnet et les côtés sont jaunes. — Sa femme est en proie à l'épouvante. — Son fils monte sur le degré du comptoir, il y appuie ses deux mains et regarde curieusement.

Le jeune homme est toujours présent ; il n'a probablement pas quitté la maison du sacrilège, depuis que l'Hostie a été livrée au juif. Mais il s'en va dénoncer l'horrible attentat, dont il a vu avec terreur se dérouler toutes les péripéties. Nous ne le reverrons plus.

La cheminée et le lit ont disparu de la chambre. Elle est éclairée par une fenêtre à double vantail, divisé en deux compartiments garnis de carreaux en losange. Sur la droite, une autre fenêtre obscure à volet intérieur ouvert.

On voit, par l'ouverture de la porte, une femme se diriger avec deux petits enfants, vers l'église Sainte-Croix-de-la-Bretonnerie, ornée d'une belle fenêtre ogivale à deux meneaux.

V

La Reprise de l'Hostie.

Le juif se livra encore à plusieurs profanations criminelles sur la sainte Hostie, qui toujours « iettoit du sang en abondance » sans être réellement touchée. Il l'a avec un « cloud » transpercée à coups de marteau, puis flagellée « d'estrange façon » et jetée au feu. « Aïant en main un gros cousteau de cuisine » il s'était efforcé « avec iceluy de la descouper et tailler en pièces » et de toute sa force « luy avait ietté un coup de lance. »

Il vient de la plonger dans une chaudière d'eau bouillante, puis « esperdu » en la voyant « apparoir visiblement ce qu'elle estoit diuinement », « il nè peult seulement songer à céler et couurir son crime. »

Nous le voyons sur son lit, à demi-assis, le buste dressé, les genoux relevés, regardant encore avec effroi la sainte Hostie « volleter parmy la chambre ». Sa bouche entr'ouverte; sa langue glacée; ses dents qui s'entrechoquent; sa main droite levée vers le plafond, pour repousser la terrible apparition; sa gauche retombant impuissante sur le lit; tout indique le plus profond désarroi. Il a rejeté son turban, peut-être celui-ci a-t-il échappé dans les mouvements désordonnés que le vol de la sainte Hostie lui commandait; il est maintenant posé en travers du lit. — Au bas, sa femme est assise; à la frayeur que lui inspire le prodige, se mélange un sentiment d'admiration.

Ni l'un ni l'autre n'ont conscience de ce qui se passe à côté d'eux. Seul, avec la curiosité de son âge, et n'ayant rien compris de ce qu'il a vu, mais étonné cependant, l'enfant, à moitié caché derrière la cheminée, regarde la seconde scène.

Une femme, nommée Martine, dans la verrière de Bar-sur-Seine (1), celle qui se rendait à l'église Sainte-Croix, s'était introduite « faisant semblant d'aller quérir du feu en la dicte maison » et l'Hostie est « venue reposer en son petit vaisseau ». Elle est pieusement agenouillée devant cette cheminée, où des morceaux de bois, posés sur les chenêts, brûlent encore au-dessous de la chaudière accrochée à la longue crémaillère. Elle a seulement approché son plateau de la chaudière à moitié pleine d'eau, et l'Hostie miraculeuse vient s'y placer d'elle-même. Sa main droite a un geste de surprise, son visage un rayonnement de joie, à la vue de ce qui avait si fort terrifié le juif : Jésus en croix, avec sa sainte Mère et le disciple bien-aimé. Désormais l'Hostie gardera toujours cette image.

Dans la première scène, à gauche, on ne voit que le lit; le rideau pend replié sur lui-même. Dans la seconde, la cheminée est tournée en travers, pour établir une sépara-

(1) Elle y est toujours appelée « la boñe feme martine », et l'autre « la mauvaise feme ».

tion, et les pilastres ornés plus que de coutume aux chapiteaux et aux bases; le fond est noirci et sans plaque. La porte restée ouverte, est ramenée en dedans.

VI

Le Supplice du Juif.

Une charrette amène le coupable solidement garrotté au lieu du supplice. — Le bûcher lance des tourbillons de fumée et des gerbes d'étincelles. Bien que le juif ne soit pas encore livré au châtiment, des flammes semblent déjà dévorer son corps, emblèmes du feu éternel de l'enfer, dont son âme impénitente éprouve la torture. Il porte une longue barbe blanche, son regard est plutôt cynique qu'intimidé. La corde est passée autour du cou, enserre les bras sous les épaules et se noue aux deux mains.

Près de lui, à gauche, un moine. — Le prévôt de Paris et un autre personnage causant ensemble. Ils sont montés sur des chevaux. L'un porte un chapeau à plumes, l'autre une tunique à boutons dorés.

La charrette à deux roues est conduite par un personnage coiffé d'un chapeau très-haut de forme et agrémenté d'un ruban jaune vers le milieu. Les bords sont au contraire tout petits et roulés en dessus. Monté sur le cheval, il tient les rênes de sa main gauche et montre de la droite le lieu désigné. Il regarde en arrière pour recevoir des ordres. D'ailleurs le cheval tourne aussi la tête, tout annonce qu'on est arrivé en place de Grève, aujourd'hui place Maubert.

Le personnage, qui donne ces ordres, et paraît être l'exécuteur, est accompagné d'un aide. Il avance la main par-dessus le cheval, pour saisir un livre fermé, à tranche dorée.

Comme le juif approchait de la pile de bois destinée à son supplice, il dit hautement : « Ah ! si j'avais un livre qui est à la maison ! Le feu ne pourrait agir sur moi ! » Le juge envoya quérir le livre, on l'attacha au col du juif, mais le livre et lui furent bientôt consumés par les flammes.

Dans le vitrail de Longpré, le juif, monté sur la charrette, tient son livre ouvert et semble lire. L'inscription explique ainsi la scène :

Le faulx tyrant tant obstine
Tousiours son lyure dēnda
Tentous fure brusle
Du feu quy le brula.

Le soldat porte une cuirasse ou tunique collante, un haut-de-chausses ample et plissé; les bras sont nus ainsi que les jambes. Son chapeau à plumes est rejeté entre les deux épaules, un cordon jaune le retient à son cou. Sa main gauche tient une épée à large fourreau, presque le cimeterre.

Un personnage à cuirasse rehaussée d'ornements dorés se voit à côté du conducteur. On ne peut apercevoir le cheval qu'il monte.

Voici ce qui était arrivé : « Quelques catholiques aduertis de cecy, par le fils de ce iuif, lequel ne pensoit que ce crime deut causer la mort de son père, en aduertirent la iustice. Et le misérable iuif estant conduict en prison, après la confession du faict, fust condamné à estre buslé vif, selon l'exigence de son attentat. »

Suivant Henrion (*Histoire générale de l'Église, l. XLI*), un de ses fils, encore très-jeune, était à la porte, comme on sonnait la messe à Sainte-Croix-de-la-Bretonnerie. Il dit à plusieurs personnes qu'il y voyait aller : « Vous ne trouverez plus votre Dieu; mon père vient de le tuer. » La foule ne vit dans ces paroles étranges qu'un propos d'enfant sans portée. Mais Martine qui en eut l'esprit troublé, résolut de pénétrer ce secret.

Notons ici qu'il n'y a aucune contradiction. Le juif a pu être dénoncé inconsciemment par l'un et par l'autre de ses deux enfants, l'aîné racontant le secret à son ami, le plus jeune le divulguant publiquement.

VII

Le Triomphe de l'Hostie.

La femme « bailla l'Hostie au curé de l'église Saint-Jean-en-Grèue, qui la reçeut en grande déuotion et réuérence, auquel lieu elle a esté conseruée iusqu'à présent. »

L'Hostie est rapportée triomphalement sous le dais ; la procession arrive aux portes de l'église.

Quatre clercs couronnés de roses soutiennent les montants dorés du dais carré, à pentes blanches frangées d'or. La sainte Hostie est dans un ostensoir d'or, au milieu d'un brancard porté sur les épaules de deux prêtres.

Deux enfants de chœur marchent en avant avec un flambeau à la main. Ils sont vêtus de blanc, les manches sont bouffantes et courtes, les jambes nues, les pieds protégés par des sandales. L'un d'eux est tellement réjoui de la belle cérémonie, qu'il semble danser. — En tête de la procession, un clerc portant une grande bannière blanche, dont la hampe est surmontée d'une croix d'or.

Le portail de l'église est divisé en deux par un trumeau. Les baies sont cintrées ; toutefois des ornements sculptés, genre Renaissance, leur font un encadrement presque ogival. Deux statues de saints, et une de sainte au trumeau, ornent les niches à console et à pinacle des montants. Par la porte de gauche, à demi-ouverte, on aperçoit la moitié d'une fenêtre à carreaux blancs en losanges. La procession va entrer par celle de droite.

VIII

Le Baptême de la Juive et de ses Enfants.

« Quant à la femme de ce iuif et ses enfants, l'Euesque de Paris, voyant qu'ils avoient repentance de leurs fautes, leur donna publiquement le baptesme, puis les signa de l'onction du sainct Chresme » (*Jacques du Breul, Théâtre des Antiquitez de Paris*).

Toute la partie supérieure de ce panneau a disparu. On voit les fonts baptismaux, au milieu. — A gauche des fonts, un prêtre, sans doute l'évêque de Paris, Simon Matifas, appelé aussi Simon de Bucy, du lieu de sa naissance, dans le Soissonnais, avec une étole en drap d'or de largeur égale sur toute la longueur, sans franges, et semée de croix noires. Il tient dans ses mains un vase, qu'une épaisse couche de ciment ne permet pas de distinguer. — De l'autre côté, un prêtre en surplis, suivi d'un clerc aux mains jointes.

A gauche du tableau, la femme du juif est à genoux, les mains jointes; elle a quitté son costume obligatoire de juive et revêtu celui de chrétienne. — Auprès d'elle, ses deux enfants se tiennent debout.

Le pavé est assez singulier; des carreaux blancs et ronds, encastrés dans des cercles jaunes tous reliés ensemble.

Renseignements historiques.

Le fait miraculeux rappelé dans cette verrière ne pourrait être confondu avec des légendes plus ou moins prouvées. La renommée du prodige se répandit bien vite en dehors de Paris, par toute la France, donnant naissance à un mouvement extraordinaire de foi en la présence réelle. La piété des fidèles demanda qu'on lui mît sous les yeux les scènes émouvantes et dramatiques du miracle. Alors les églises s'embellirent de nombreux vitraux de l'Hostie miraculeuse, dont quelques-uns ont demeuré, en tout ou en partie, jusqu'à nos jours.

Le diocèse de Troyes peut se glorifier d'avoir apporté un zèle pieux à retracer cette histoire. Indépendamment de notre verrière, qui est au moins la plus complète, sinon la plus belle, nous pouvons citer celles des églises de Saint-Nicolas de Troyes, de Riccy-Bas, de Longpré. Montsuzain possède encore quelques fragments de tableaux et de légendes. Bar-sur-Seine avait le même sujet, jusqu'au 16 juillet 1865, où il fut détruit par la grêle (1). La description de cette charmante grisaille a été publiée par M. Alexis Socard, dans l'*Annuaire de l'Aube, 1856*, avec une reproduction d'après photographie. Pourrions-nous surtout ne pas regretter la scène où la femme chrétienne, assise et placée entre son ange gardien et le démon, semble enfin écouter les avis de ce dernier; car elle se ferme l'oreille, du côté de l'ange, puis quitte la maison et va trouver le juif?

> Comēt en la cite de paris auint que une fēme
> teptée du diable de enprūtez a usure etc... (2)

(1) Cette verrière a été restaurée en 1893.

(2) La scène de la tentation existe également à Riccy-Bas. Les deux verrières nous semblent d'ailleurs, malgré le sentiment con-

L'Église des Billettes

La rue des Billettes, où demeurait Jonathas, portait en 1290 le nom de rue des *Jardins*, parce qu'elle longeait les jardins des religieux de Sainte-Croix-de-la-Bretonnerie. Après le miracle, mais pendant peu de temps, elle fut appelée rue *où Dieu fust bouilli*, puis rue des *Billettes*, à cause des barillets servant d'enseigne à la boutique du juif, ou des petits scapulaires portés par les religieux de cette rue, ressemblant aux pièces de blason, nommées billettes. Aujourd'hui, c'est la rue des *Archives*.

La maison du juif sacrilége fut confisquée par Philippe-le-Bel. Il en donna une partie à un bourgeois, Regnier Flaming, qui fit bâtir en 1295 un oratoire, connu sous le nom de *Chapelle des Miracles*. C'est là que furent conservés le canif dont avait été percée l'Hostie, et le vase de bois, où elle vint se reposer entre les mains de Martine, la femme chrétienne.

Plus tard, le reste de la maison et la chapelle furent achetés, pour y fonder un hôpital des Frères de la Charité-Notre-Dame.

En 1408, il fallut refaire la chapelle et une partie des bâtiments. Elle devint alors souterraine, et l'on inscrivit au-dessus de l'entrée : *Ci-dessous le juif fit bouillir la sainte Hostie.* Cette inscription se lisait encore en 1685.

Les Frères-Hospitaliers furent remplacés en 1631 par les Carmes, en vertu d'un contrat confirmé par lettres patentes de Louis XIII, données à Troyes, le 26 septembre.

L'église des Billettes renfermait le cœur de l'historien Mézeray, mort le 10 juillet 1683.

Il fallut reconstruire de nouveau cette église en 1744, et l'on éleva celle qui existe actuellement, d'après les plans d'un dominicain du nom de Claude.

traire de M. A. Socard, absolument identiques comme dessin, et à peu près comme légendes. Celle de Riccy, datée de 1549, nous est parvenue moins complète; elle est en couleurs. Telles sont les seules différences appréciables. Nous sommes aussi obligé de contredire le *Voyage archéologique* d'Arnaud, pour le sujet de la verrière de Riccy-Bas, car elle représente sûrement le Miracle de l'Hostie de Paris et non de Dijon.

En 1790, le couvent des Billettes fut supprimé, puis vendu, et en 1808, l'église fut rachetée par la ville et affectée en 1812 au culte luthérien. Il y a une dizaine d'années, à l'occasion de restaurations à la façade, on fit disparaître l'image de l'Hostie qui décorait jusqu'alors le fronton de l'édifice.

L'Église Sainte-Croix-de-la-Bretonnerie

L'église Sainte-Croix-de-la-Bretonnerie, bâtie à l'angle des rues de la Bretonnerie et des Billettes, faisait partie du couvent qui avait été fondé en 1258, par les religieux de Sainte-Croix, près Liège. Louis IX leur donna la maison de la Monnaie, rue de la Bretonnerie. C'est alors que, du nom des religieux, celle-ci s'appela rue Sainte-Croix-de-la-Bretonnerie.

L'église attenant au couvent avait été bâtie par Eudes de Montreuil. Elle était décorée de sculptures de Sarrazin. Dans la crypte reposait la dépouille mortelle de Barnabé Brisson, second président du Parlement de Paris, pendu par ordre des Seize, le 16 novembre 1591.

Supprimé en 1790, le couvent devint propriété nationale et fut vendu avec l'église trois ans plus tard. Sur son emplacement fut établi le passage Sainte-Croix-de-la-Bretonnerie.

L'Église Saint-Jean-en-Grève

Primitivement chapelle baptismale de Saint-Gervais, l'église Saint-Jean-en-Grève fut érigée en paroisse, l'an 1212; en 1326 et 1365, on l'avait restaurée et considérablement agrandie. Jean Gerson, l'auteur présumé de l'*Immitation de Jésus-Christ*, fut curé de cette église.

Elle fut supprimée en 1790, vendue et démolie à la suite d'un arrêté du 5 frimaire an XI, signé Bonaparte, qui réunit à l'Hôtel de Ville les bâtiments de l'ancien hôpital du Saint-Esprit et l'emplacement de l'église Saint-Jean, où vinrent alors s'installer les services de la préfecture du département de la Seine, de la commission des contributions et du conseil de préfecture.

Un seul vestige en a subsisté jusqu'en 1837, c'est la chapelle de la communion, construite en 1735, qui avait été annexée à l'Hôtel de Ville, sous le nom de salle Saint-Jean (1).

L'église Saint-Jean-en-Grève occupait l'emplacement actuel de la rue Lobau et des services auxiliaires de la Ville de Paris.

A côté de ces preuves matérielles qui donnent un cachet d'indéniable authenticité au miracle de l'Hostie, nous avons le fait de la conservation plus que quatre fois séculaire de l'Hostie miraculeuse dans l'église Saint-Jean-en-Grève, et la tradition constante et ininterrompue d'une double manifestation de dévotion réparatrice, établie dès l'origine dans les églises de Saint-Jean-en-Grève et des Billettes, puis réunie actuellement en un faisceau commun, dans celle de Saint-Jean-Saint-François.

L'Hostie miraculeuse fut conservée à Saint-Jean-en-Grève, tout d'abord, dans un tabernacle, derrière le maître-autel, renfermée ensuite dans une petite custode spéciale fixée au pied de l'ostensoir, avec lequel on donnait la bénédiction.

Là, comme dans l'église des Billettes, s'établit un culte particulier de réparation et d'hommages à la Sainte Eucharistie : une messe et un office tous les jeudis de l'année ; deux fêtes solennelles de réparation, les premiers jeudis de l'avent et du carême, et enfin la fête proprement dite du Miracle de la Sainte Hostie, appelée aussi, à Saint-Jean-en-Grève, la Susception de l'Hostie miraculeuse. Cette dernière fête, impossible à fixer au jour de Pâques, était célébrée aux Billettes, le dimanche, et à Saint-Jean, le jeudi de Quasimodo (2).

L'église de Saint-Jean-en-Grève devint surtout, à cause de la présence de l'Hostie miraculeuse, comme un lieu de pèlerinage, si fréquenté, que deux fois il fallut l'agrandir pour contenir la foule de ceux qui s'y rendaient.

Mais la trace de la Sainte Hostie si précieusement conservée était déjà introuvable, puis la Révolution arriva,

(1) La salle du rez-de-chaussée située au-dessous de la grande salle des fêtes, dans le nouvel Hôtel de Ville de Paris, porte encore aujourd'hui le nom de salle Saint-Jean.

(2) D'après Le Fèvre, c'était le jeudi de l'octave de la Fête-Dieu. *(Calendrier historique de l'Eglise de Paris, p. 141).* A Saint-Martin-des-Champs elle se faisait le mardi de Pâques *(ibid. p. 217).*

troublant et menaçant de faire disparaître ces fêtes religieuses, par la destruction de Saint-Jean-en-Grève et l'affectation des Billettes au culte protestant.

L'Église Saint-Jean-Saint-François

Le centre de la dévotion se reformait cependant naturellement dans une autre église. En 1622, le Père Athanase Molé, capucin, frère de l'illustre premier président Mathieu Molé, fondait, sur l'emplacement d'un jeu de Paume, un couvent dit des Capucins du Marais. L'archevêque de Paris et le grand prieur du Temple donnaient leur consentement à son établissement l'année suivante.

Supprimé en 1790 et déclaré propriété nationale, ce couvent fut vendu le 19 nivôse an VI. L'église, déjà désignée sous le nom de Saint-François-d'Assise, avait été comprise dans la vente. En 1801, la Ville de Paris en fit acquisition pour la somme de 61.322 francs.

Érigée bientôt en seconde succursale de la paroisse Saint-Merry, elle eut pour premier curé l'abbé Greuzard, ancien premier vicaire de Saint-Jean-en-Grève, et le titre de cette dernière paroisse ayant été transporté à la nouvelle, celle-ci prit le nom de Saint-Jean-Saint-François (rue Charlot).

Les deux fêtes réparatrices, transférées au dimanche, s'y établirent de suite; Mgr Sibour supprima celle de l'avent. En 1885, la paroisse obtint de son Éminence le cardinal Guibert le rétablissement de la grande fête du miracle. Cette cérémonie a lieu le jeudi de Quasimodo, et comprend une grand'messe solennelle de communion, avec sermon, lecture d'un acte de réparation et bénédiction du Saint Sacrement, qui reste exposé toute la journée.

Deux objets rappellent dans cette église le souvenir du Miracle; les huit tapisseries appendues aux murs, reproduisant d'après les dessins de Ragot, du XVIIe siècle, les anciennes tapisseries de Saint-Jean-en-Grève et des Billettes; le magnifique ostensoir exécuté en 1890, à l'occasion du sixième centenaire du miracle. La Sainte Hostie, entourée de rayons, y est élevée au-dessus de la chaudière où le juif l'avait plongée. A droite, la femme pieuse reçoit l'hostie dans un vase; à gauche, les enfants du juif contemplent le prodige qui les convertit; en haut, apparaît le crucifix. Le pied de l'ostensoir représente quatre groupes : la Communion à Saint-Merri ; l'Hostie remise à Jonathas ; Jonathas perçant l'Hostie ; l'Hostie portée au curé de Saint-Jean-en-Grève. Quatre médaillons donnent l'image des églises de Saint-Merri, où fut faite la communion ; des Billettes, bâtie sur l'emplacement de la maison du juif ; de Saint-Jean-en-Grève, où fut conservée l'Hostie miraculeuse, et de Saint-Jean-Saint-François, où se perpétue le souvenir du miracle.

Les tapisseries de Saint-Jean-Saint-François sont reproduites avec un abrégé de l'histoire, dans une petite brochure intitulée : *Le Miracle de la Sainte Hostie de 1290 à Paris*. Nous lui avons fait de larges emprunts pour beaucoup de ces renseignements. D'autres inédits nous ont été fournis bienveillamment par M. le Curé de Saint-Jean-Saint-François et par M. Alexis Accarie, à qui nous sommes heureux d'exprimer notre vive reconnaissance.

L'OSTENSOIR DE SAINT-JEAN-SAINT-FRANÇOIS

FRAGMENTS DE VITRAUX

Indépendamment des cinq grands vitraux du sanctuaire dont nous venons de parler, l'église de Lhuître est encore éclairée par vingt-six autres fenêtres, dont deux lancettes ogivales ; deux en plein cintre ; dix-neuf à meneaux flamboyants ; deux tympans de portail et une rosace, de même style.

Tous ces vitraux sont à petits carreaux cloisonnés en plomb ; et la plupart, à l'exception de quatre exclusivement en verre blanc, renferment encore quelques fragments plus ou moins considérables, en verres de couleur historiés.

Nous en signalerons quelques-uns en particulier comme dignes d'intérêt.

I

Fenêtre de l'Autel de la Sainte Vierge.

La fenêtre qui domine l'autel de la Sainte Vierge, dans le transept sud, est de même style, sans avoir la hauteur de celles qui viennent d'être décrites.

Le bas en est aujourd'hui obstrué par une maçonnerie, comme dans la plupart des autres fenêtres. Ceci pouvait s'excuser à certaine époque, quand une grande boiserie semblable à celle de l'autel actuel de la Charité, mais plus ornée, s'élevait à la hauteur du panneau. Quelques-uns de ces ornements, anges et guirlandes, sont conservés chez M. Paul Thévenot.

Mais l'érection d'un autel récent en pierre sculptée, de style gothique, exige l'enlèvement de cette maçonnerie et le complément de la verrière.

Cette fenêtre, si nous en jugeons par le seul qui nous reste, contenait différents tableaux allégoriques du XVe siècle, relatifs à la Sainte Vierge.

Le quadrilobe montre sur fond de tapisserie moirée, représentant vaguement des nuages, le Couronnement de la Sainte Vierge. La couronne est déposée sur la tête de Marie, par le Père et le Fils assis sur un trône d'or. — Le Saint-Esprit plane au-dessus, en forme de colombe. — Aux trois angles de ce quadrilobe, anges jouant des instruments de musique, et au bas un ange priant, les deux mains jointes.

La bordure de ce vitrail est formée d'une guirlande sur laquelle se répète souvent la devise : *veul plaire*. Mais à quelle famille donatrice appartient cette devise ?

Le panneau conservé à gauche représente la Maternité de la Sainte Vierge (deuxième dimanche d'octobre). Marie allaite le Divin Enfant. — Un ange à gauche porte la colonne. Un autre, à droite, présente la croix, dont la Sainte Vierge entoure la tige de ses bras, en même temps qu'elle tient l'Enfant-Jésus. — Cinq autres anges accompagnés de phylactères :

Gaude dei genitrix

Te laudat oĩis creatura	Gaude virgo im̃aculata
Tu sola mater Innupta	Gaude que gaudiũ ab angelo [suscepisti
Gaude que genuisti etñi lũis clãr [tatem (1)	Gaude s̃cta dei genitrix virgo

La Vierge a sur la tête la couronne royale, elle était de la famille de David. — Ses pieds reposent sur le croissant. — Une gloire aux rayons d'or l'environne en suivant toutes les sinuosités du corps. — La tapisserie bleue simule des sortes de feuillages ou coquillages en enroulements.

Ce tableau est déparé par un morceau rapporté, près de la Vierge. C'est une portion de jambe, nue en grande partie, appartenant à une scène de la vie de saint Jean-Baptiste, car on voit encore l'extrémité de son vêtement en peau de brebis.

Il conviendrait donc de continuer dans le même genre, la série de ces tableaux allégoriques, à savoir :

Au bas, à gauche, ce serait le premier tableau, l'Immaculée Conception (8 décembre).

De qua natus est Iesus	*Reg̃a sine labe cõcepta o. p. n.*
Macula originalis nõ est in te	*Sentiant oĩes tuum iuuamen*
Tota pulchra es Maria	*Ave gracia plena Dñus tecum*

Deuxième tableau (à gauche), la Maternité de la Sainte Vierge, qui vient d'être décrite.

(1) *Æterni luminis claritatem.*

Puis, passant à droite, au bas (troisième tableau), la Vierge des Sept-Douleurs (troisième dimanche de septembre).

Virgo dolorosisima o. p. n.	*Crucifixi fige plagas cordi meo*
Stabat mater dolorosa	*Mulier ecce filius tuus*
Tuā ipsius animā pertransibit	*Quo abiit dilectus tuus*

Enfin plus haut (quatrième tableau), l'Assomption (15 août).

Cum Chro regnat in etnum

Assūpta est Maria in celū	*Regnum Gallie reg Marie*
Exaltata est scta dei genitrix	*Regina sctūm omiū ora p. n.*
Gaudeamus omes in Dño	*Optimam partem elegit sibi*

Présentement, la partie éclairée à droite renferme deux scènes de la vie de saint Jean-Baptiste, à fond de tapisserie bleue, avec franges vertes ou rouges. Le pavé est à carreaux ronds.

Dans la première, Salomé, la fille d'Hérodiade s'en va à la prison tenant le bassin d'or qui doit recevoir la tête du Précurseur. Elle porte comme coiffure une sorte de toque ornée d'un joyau à l'avant, et laissant retomber en arrière la longue tresse de sa belle chevelure. Les épaules sont dénudées; un collier de perles est passé autour du cou. — Deux personnages la suivent; sa mère peut-être et un page de la cour, à qui elle donne le bras. Celui-ci est revêtu d'un pourpoint, à collet rabattu, laissant voir un gilet rouge ramagé. Les manches s'élargissent subitement et d'une façon démesurée au poignet. Il a les deux mains fièrement posées sur les hanches.

Les inscriptions sont en majuscules de fantaisie du XVIe siècle. Toutes celles que nous avons vues jusqu'ici étaient en caractères gothiques. Nous lisons au bas du panneau :

...CAPVT BEATI JHIS BAPTISTE.

La deuxième nous montre saint Jean-Baptiste agenouillé sur le seuil de sa prison, les mains jointes. — Le bourreau a déjà saisi la tête par ses longs cheveux et l'épée est levée pour frapper; un fourreau richement orné est suspendu à sa ceinture. — Deux belles têtes de saints en grisaille.

DECOLACIO BEATI JOHANNIS *BAPTISTE*.

On trouve bien encore ES BAPTISTA, mais ce fragment est d'un troisième tableau. La fête de la Décollation de saint Jean-Baptiste se célèbre le 29 août.

Il est désirable que cette partie reçoive aussi son complément, par les autres phases de la vie de saint Jean-Baptiste, et soit transportée à la chapelle des Fonts baptismaux.

II.

Fenêtre de la Sacristie.

C'est la plus belle et la plus large de toute l'église, même hauteur et double largeur de celles du sanctuaire. Une rose, à six lobes fleuronnés et trilobés, repose sur une double arcature géminée et surmontée du quatre-feuilles.

Malheureusement, le toit de la sacristie en aveugle une grande partie. Nous espérons qu'il sera un jour réformé, suivant le vœu exprimé par Mgr Debelay, évêque de Troyes, dans le procès-verbal de visite épiscopale de la paroisse, le 25 mai 1846.

Le vitrail qui s'y trouvait a disparu. Il était du XIVe siècle, si nous en jugeons par les restes de bordure. On rencontre quelques pièces de cette bordure en différentes fenêtres. Le panneau de l'Adoration des Mages a été transporté dans les Mystères glorieux. On y voit encore un chien assis, appartenant à quelque tableau de saint Roch.

III

Fenêtre de l'Autel de la Charité.

La fenêtre du transept nord, au-dessus de l'autel de la Charité, a conservé au quadrilobe une Sainte Trinité, le Père tenant des deux mains la croix de Jésus-Christ. — Le Saint-Esprit plus haut, et des anges en adoration.

La partie supérieure des compartiments a également conservé le sommet de l'édicule gothique, servant d'encadrement aux scènes, et la bordure très-ancienne d'oiseaux alternés. C'est à cette fenêtre qu'appartenaient les trois tableaux de la vie de saint Nicolas rapportés dans les Mystères de la Passion.

IV

Première Fenêtre du Transept nord.

Du même côté, la fenêtre suivante porte au quadrilobe un Père Éternel entouré de nuages tenant le globe du monde en main.

Dans les compartiments, un tableau de saint Nicolas avec les trois enfants ; fond de tapisserie blanche.

Un autre représente saint Roch (16 août) et ses attributs ordinaires, sur fond de tapisserie rouge, avec pavé de carreaux alternés. Il a le costume et le bourdon de pèlerin. — Sur sa coiffure, l'image de la Sainte-Face. — Un ange guérit la blessure de sa jambe. — Le chien lui apporte le pain qui sert chaque jour à sa nourriture.

Rappelons, en passant, que l'autel actuel de sainte Catherine, adossé au premier pilier du chœur à droite, était autrefois dédié à saint Roch.

Il dérobe malheureusement à la vue des chapiteaux sculptés, relativement bien conservés. Mgr Debelay demandait, non sans raison, la suppression de cet autel ; de l'autel opposé et la disparition de la boiserie de celui de la Charité.

V

Troisième Fenêtre du Transept nord.

Cette fenêtre nous donne seulement deux petits fragments d'inscription en lettres gothiques :

.... eue courtoi..... sa bobance.

VI

Première Fenêtre du Collatéral nord.

Dans la nef collatérale nord, une fenêtre en grisaille. Quelques fleurs du tympan et de la bordure ont au centre un médaillon avec monogramme du Christ.

L'inscription est en caractères ordinaires, toutes les lettres égales, un simple fond d'or distingue les majuscules.

DIDIER VOISIN ET GVILLEMT. | VIRENT SA FAMME ONT. DONNE. CET.
VERRIERRE LAN 1631, PRIEZ DIV. POVR. | LES. TREPASSEZ.

La même date se lit également en haut de la fenêtre.

Le nom du généreux donateur ne nous est pas conservé seulement par cette verrière. Il y a sur le territoire de Lhuitre, en allant à Dampierre, une contrée qui s'appelle encore aujourd'hui l'*Orme-Didier-Voisin*. Ceci nous fait supposer que le bienfaiteur de notre église était non seulement habitant de Lhuitre, mais encore possesseur, en cette contrée, d'un grand domaine, qu'il aura peut-être donné à l'église.

Dans le registre des fondations de l'église de Lhuitre, dressé en 1695, on lit : « Le cinqj[e] (septembre) vne messe haute auec vigille et Recomd. pour deffunct didier voisin. »

Toutes les verrières de cette travée, dans la grande nef et les collatéraux, étaient en grisaille. Celle qui se trouve en face nous a conservé quelques ornements, le monogramme de la Sainte Vierge et la date *1631*.

VII

Deuxième Fenêtre du Collatéral nord.

Enfin, nous citerons pour finir, toujours à la suite dans la même nef collatérale, un tympan avec deux anges et le Père éternel coiffé de la tiare, le globe du monde en main.

La fenêtre de la grande nef, même travée, porte dans les écoinçons : *Lan mil V[c] et. !!*.

Les ornements conservés des autres fenêtres consistent principalement en monogrammes et bordures. Il y en a une assez jolie dans la dernière de la grande nef, côté sud. Une pièce en a été rapportée dans les Mystères de la Passion (*Ecce homo*).

CONCLUSION

Il est donc évident qu'autrefois toutes ces fenêtres étaient complètement en verre colorié, et représentaient d'autres scènes et personnages religieux et bibliques dont on retrouve encore plusieurs traces. La perte irréparable de ces anciens vitraux rend d'autant plus urgente et plus précieuse la conservation de ceux qui nous restent.

Ce sont encore des trésors, mais si fragiles et surtout si exposés. On frémit à la pensée que, dans leur état de vétusté, un coup de vent, une grêle peut en un instant les enlever. On ne peut se rappeler sans effroi la terrible nuit, où la foudre mit en feu notre belle flèche et faillit perdre notre magnifique église. Une sage précaution, que nulle municipalité ne devrait avoir la liberté d'omettre, à l'égard d'aucun de ses bâtiments communaux, un paratonnerre, eût évité cet immense désastre. Un grillage extérieur suffirait de même, sinon pour redonner à nos Vitraux leur intégrité des siècles passés, au moins pour éloigner l'occasion d'une ruine totale.

Dans un article du *Petit Journal* du 5 septembre 1896, intitulé : *De la verdure sur les ruines*, M. Pierre Giffard déplore avec véhémence et surtout avec raison, que, « neuf fois sur dix, les municipalités ne prennent aucun soin des vieux monuments qui sont leur propriété.

« Il y a là, dit-il, une vieille cathédrale, des thermes romains, une porte triomphale, les colonnes d'un temple, un château du Moyen-Age, n'importe.

« L'aspect délabré, abandonné de certains de ces monuments du vieux temps est dû à la pure négligence, à l'absence de sens artistique, à un regrettable « Je m'en fiche pas mal » que, de municipalité en municipalité, les édiles se transmettent.

« Sont-ils par hasard classés dans la catégorie des monuments historiques? L'État s'occupe alors de les réparer; mais l'État n'entretient que l'œuvre même des hommes; il bouche les trous et remplace les pierres. Il ne s'occupe pas de l'aspect extérieur. L'extérieur, c'est affaire à la municipalité.

« Que de débris du temps jadis devraient être entourés et ornés de verdure, qui ne le sont pas et paraissent ne devoir l'être jamais! Il faut obtenir qu'ils le soient. Je suis persuadé même que cette œuvre pie est très-aisée à accomplir, l'insouciance jouant en cette affaire un rôle beaucoup plus grand que la mauvaise volonté.

« C'est un véritable culte que les conseils municipaux devraient avoir pour les vestiges des âges disparus. Ils font, en somme, marcher le commerce local, puisque seuls, ils déterminent, dans nombre de cas, l'arrêt du touriste.

« Et pour arriver à produire cet effet d'art uni à la propreté, que faut-il?

« De la verdure et des fleurs, rien de plus. »

Notre église, le seul monument qui attire à Lhuître le visiteur étranger, s'élève imposante, il est vrai, malgré tous ses malheurs, suivant le vœu de M. Pierre Giffard, au milieu d'un entourage de verdure et de fleurs. C'est le gazon du cimetière qui recouvre les restes aimés de nos aïeux, semé çà et là, comme d'autant de blanches fleurs, de blanches tombes, trop rarement, sommes-nous obligé d'avouer, érigées, en ces temps d'égoïsme et d'indifférence religieuse, à la mémoire de ceux qui ne sont plus.

Mettons-y seulement de l'ordre, du goût, du sentiment, du respect. Un bon plan d'alignement savamment conçu, scrupuleusement observé dans la suite! Des avenues régulières et bien sablées, parfaitement entretenues!

Et vous qui avez pleuré, qui regrettez encore vos chers défunts, plantez donc, en une place aussi précieuse au cœur, un souvenir, si modeste soit-il; ne laissez pas pousser sur eux le simple gazon de l'oubli. Relevez aussi cette tombe penchée, semblable à une fleur qui se fane, et cette humble croix de bois renversée, comme la fleur à jamais desséchée. Que ceux qui ont du cœur apportent de la bonne volonté et un soin respectueux!

En nous exprimant ainsi, nous ne prétendons pas faire passer nos idées personnelles, mais nous sommes l'écho des doléances hautement formulées par les nombreux et généreux visiteurs de notre église, qui s'en retournent tout peinés d'avoir vu ce superbe joyau encadré d'un si misérable écrin.

C'est là ce que M. Pierre Giffard appelle, et nous l'en remercions vivement, une *hérésie*.

« Suffira-t-il de signaler cette hérésie pour la voir disparaître? Espérons-le. C'est à l'amour-propre des municipalités que je m'adresse aujourd'hui et à l'intérêt de leurs contribuables. »

Oui, sans doute, nous avons à parer, à donner du coup-d'œil, à faire ressortir nos richesses; mais avant tout, il faut déjà s'opposer à leur destruction, de plus en plus imminente.

C'est pourquoi M. l'abbé Bernard, le zèlé curé actuel de Lhuître, l'auteur consciencieux et compétent de l'intéressante étude qui précède, voulant poursuivre et achever l'œuvre si bien commencée et continuée par ses dignes prédécesseurs, MM. les abbés Maillot et Lutel, s'occupe activement, en ce moment, de rechercher les voies et moyens de faire restaurer les beaux vitraux de son église, afin de sauver de la ruine ces trésors archéologiques d'un prix inestimable.

Nous espérons, pour l'honneur du pays et de l'art chrétien, que ses efforts seront couronnés de succès, et qu'il rencontrera près du Gouvernement, près du Conseil général de l'Aube, et près du Conseil municipal de la Commune de Lhuître — spécialement intéressée à cette restauration — comme auprès du public, l'accueil bienveillant et le concours empressé, qui n'ont point fait défaut à ses prédécesseurs, et sur lesquels il a également le droit de compter.

Du reste, la souscription, ouverte en 1874, pour la restauration de l'église de Lhuître n'a pu être close, tant que les travaux n'étaient pas achevés, et nous savons que Mgr Cortet, Évêque de Troyes, s'intéressant à cette œuvre, comme l'avait fait Mgr Ravinet, son vénéré prédécesseur, a daigné autoriser M. l'abbé Bernard à continuer cette souscription, pour en appliquer spécialement le produit à la restauration des vitraux.

Voici cette autorisation :

Cannes, 23 décembre 1875.

Je suis tout disposé à faire comme mon Vénérable prédécesseur, et à revêtir de mon approbation la demande que vous adresserez aux personnes pieuses et charitables.

Cannes, 5 mars 1896.

Je bénis votre œuvre et votre personne.

† PIERRE, évêque de Troyes.

Sa Grandeur s'est inscrite elle-même pour 50 francs.

Conditions de la Souscription.

Aux termes de la souscription ouverte pour la restauration de l'église de Lhuître : « Les noms des souscripteurs — quelle que fût leur offrande, et à moins d'avis contraire — devaient être publiés dans les journaux de la localité où la souscription avait été versée.

« Indépendamment de cette publication, une liste générale des souscripteurs devait être dressée avec soin, pour être conservée, comme un LIVRE D'OR, dans les archives de la commune ou de la fabrique.

« Enfin, les souscripteurs à *cent francs* et au-dessus recevaient le titre de *Bienfaiteurs*, et leurs noms devaient être inscrits sur une plaque commémorative, conservée dans l'église de Lhuître, et destinée à rappeler à tous les yeux,

Le Malheur, le Bienfait et la Reconnaissance. »

Si cette dernière prescription n'a pas encore été remplie, cela tient uniquement à ce que les travaux n'étant pas complètement terminés, comme nous l'avons dit, la souscription n'est pas close.

Or, la souscription speciale que l'on ouvre aujourd'hui, pour la restauration des vitraux, n'étant que la continuation de la précédente, a lieu exactement dans les mêmes conditions.

Nous ajouterons — en appelant tout particulièrement l'attention du public sur ce point — que tout ancien souscripteur qui versera le supplément nécessaire pour atteindre 100 francs, recevra le titre de *Bienfaiteur*, et figurera sur la plaque commémorative.

Nous remercions encore une fois tous les souscripteurs anciens, et en particulier les Bienfaiteurs dont les noms et les offrandes sont relevés d'après les listes générales précédentes. Nous faisons de nouveau appel à leur générosité, pour achever l'œuvre de restauration si bien commencée, et nous espérons qu'un grand nombre d'autres souscripteurs et bienfaiteurs, entraînés par un si bel exemple, viendront grossir leurs rangs et nos ressources.

Aux époques de foi, pendant le grand épanouissement religieux du Moyen-Age et de la Renaissance, où surgirent toutes les belles églises qui font encore aujourd'hui notre admiration, chacun considérait comme un pieux devoir d'apporter sa pierre à l'édifice, et d'inscrire son nom sur le monument. Mais c'était surtout pour les vitraux que les notables de chaque contrée rivalisaient de zèle et de générosité, comme on le voit par les fragments qui nous restent, et où se lisent encore les noms et les armes de donateurs, échappés à l'oubli, en dépit des événements de plusieurs siècles, tels que Antoine Racine, Didier Voisin, etc.

Si ce zèle est malheureusement refroidi, du moins n'est-il pas éteint dans toutes les âmes, et nous espérons bien trouver encore quelques généreux bienfaiteurs, qui voudront s'inscrire sur l'une ou l'autre de nos belles verrières, en contribuant à leur restauration.

LISTE DES SOUSCRIPTEURS-BIENFAITEURS

Souscripteurs	Fr.	c.
M. le Comte Armand, ancien Ministre plénipotentiaire, ancien Député, Conseiller général de l'Aube, Président du Comité de souscription, à Arcis (2 000 fr. pour l'Église, 300 fr. pour les vitraux)	2.300	»
Mgr Ravinet, ancien Évêque de Troyes	100	»
Mgr Cortet, Évêque de Troyes (100 fr. pour l'Église et 50 fr. pour les vitraux)	150	»
Les Révérends Pères de la Grande Chartreuse	1.000	»
Le Révérend Père Abbé de la Grande Chartreuse	100	»
Les habitants de Lhuître (outre les souscriptions des Bienfaiteurs portés dans cette liste, et non compris les fonds votés par la commune)	2.186	65
L'Abbé Aviat, curé de Saint-Julien	200	»
Albert Babeau, à Troyes	100	»
Becker (Veuve)	100	»
Bernouin (Fidéus) de Troyes Mlle Bernouin de Sompuis	305	»
Mme Berton Hermance, veuve Péricourt, à Piney	100	»
Bertrand, né à Isle-sous-Ramerupt, chef de l'agence financière du chemin de fer d'Orléans, à Paris	100	»
Billiart, chapelain du château de Dampierre	100	»
A. Blavoyer, Député	200	»
Brodart Adélaïde, à Lhuître	100	»
Casimir Perier, père, Député	300	»
Casimir Perier, fils, Conseiller général	200	»
Chêne (Paroisse du)	120	»
Dehaussy de Robécourt, à Arcis	100	»
Aug. Droche, banquier à Lyon	200	»
De La Rochefoucauld, propriétaire du château de Dampierre	200	»
Fléchey, architecte à Troyes (abandon d'honoraires)	200	»
Am. Gayot, Député	100	»
Granville (Paroisse de)	164	70
Comtesse Greffulhe, à Paris	100	»
Jouffroy d'Abbans (Général comte de)	100	»
Lebrun-Dalbanne, Président de la société académique	100	»
Mme Lessieux	100	»
Lhuître (Anonyme de)	100	»
Mlle Lugnier, à Lhuître	100	»
Maillot, Curé de Lhuître	200	»
Martin-Charlon, à Lhuître	100	»
Menier (Veuve), à Paris	200	»
Mercier, de Villiers-Herbisse, vicaire de Saint-Pierre, à Bar-sur-Aube	100	»
Méry-sur-Seine (Ville de)	102	»
Parigot, Député de l'Aube	100	»
Petit de Bantel, conseiller général à Mussy	100	»

Poivres (Paroisse de)	112	»
Prudhomme, conseiller général à Méry	200	»
Ramerupt (Paroisse de)	233	55
Réaulx (Marquis des), à Coclois	100	»
Roy, président de la Cour des Comptes et Conseiller général de l'Aube, à Paris	100	»
Saussier, Député (Général)	150	»
Seurat Chrysostôme, né aux Fenus, commune de Dosnon, propriétaire à Paris	150	»
Servois, Préfet de l'Aube	100	»
Société d'archéologie, à Paris	200	»
Thévenot, Alexis, à Lhuître	116	20
Tézenas, Député de l'Aube	100	»
Truelle, trésorier général de l'Aube	100	»
G. Trusson, à Lhuître	100	»
Trusson-Martin, à Lhuître	100	»
De Vendeuvre, conseiller général	100	»
Vinets (Paroisse de)	110	35
Vivien, curé de Thieffrain	200	»

NOTA. — *Les souscriptions pour la restauration des Vitraux de l'Eglise de Lhuître peuvent être adressées à M. l'Abbé BERNARD, curé de Lhuître, par Arcis-sur-Aube (Aube), chargé de centraliser toutes les offrandes.*

TABLE DES MATIÈRES

Arcis-sur-Aube. — Typ Frémont

www.ingramcontent.com/pod-product-compliance
Lightning Source LLC
LaVergne TN
LVHW020411230826
846091LV00004B/1236

* 9 7 8 2 0 1 2 8 4 8 3 9 9 *